NÉFERTITI

Les Écritures

Les Presses du Midi

Du même auteur :

Aux Presses du Midi

- **Le Jardin Extraordinaire** (C. Petitjean)
- **La Rencontre des Lumières** (C. Petitjean)
- **La Patrie** (Néfertiti - C. Petitjean)

Dessins de Golum

Impression PDM

121 avenue d'Orient - 83100 Toulon
Tel. : 04 94 16 90 20 - Fax : 04 94 16 90 29
www.lespressesdumidi.fr
Dépôt légal mars 2001
ISBN : 2-87867-286-0

1

Avant-propos

Ces Écritures sont la première phase des prophéties de Nostradamus dont la traduction totale n'a pas encore été faite dans le sens le plus pur pour la découverte du futur, - la renaissance des sociétés, et l'élévation de l'être.

À ce jour, certaines prophéties accomplies, découvertes, expliquées, ou supposées, ont été écrites dans la tourmente d'une époque où l'inquisition faisait prévaloir l'amour de Dieu et sa force dans la cruauté et la peur.

La particularité des quatrains de Nostradamus, et qui en fait son mystère ou sa force, a été volontaire dans la difficulté.

Mais cette difficulté ne s'est pas résumée à la seule peur de l'époque violente de Nostradamus mais aussi à l'obligation de protéger le futur par rapport à l'homme, la politique, la religion, le pouvoir, l'argent.

Tous les ingrédients sont réunis dans les prophéties de Nostradamus. Tous les actes sont réunis dans les prophéties de Nostradamus.

Le futur et la paix universelle sont dans les prophéties de Nostradamus.

Ce qui veut dire :

* Le futur appartient à tous les hommes de la Terre désireux de la paix… la vraie… l'unique… qui interdirait à jamais qu'une bombe ou un fusil ne vienne ternir le nom d'un ami, d'un voisin, d'une famille.

* Le futur appartient à tous les hommes de la Terre désireux de vivre en harmonie avec la nature et le ciel, la matière et l'océan, l'animal et l'être, sans qu'aucune haine ne vienne ternir le sommeil réparateur d'une longue journée de labeur.

* Le futur appartient à tous les hommes de la Terre désireux de construire une société où il ferait bon vivre et travailler afin que le pain du jour soit celui de l'amour et du bien-être.

* Le futur appartient à tous les hommes de bonne volonté désireux de vivre tout simplement.

Cette simplicité, qui sera acquise dans le futur, sera le cadeau du temps à Michel de Notre-Dame.

Remercions cet illustre prophète qui aura su garder intacte une image pure à travers les flammes de l'horreur.

L'image pure est la transmission dans le temps, d'une pensée universelle écrite par une plume du passé, transposée par la plume du présent pour le parchemin de l'éternité.

Que la paix soit sur cette Terre pour les temps futurs.

Néfertiti

Préface

Cette préface très particulière s'adresse au peuple de France, afin qu'il sache que le combat qui sera et surviendra sur sa Terre ne sera que l'accomplissement dans la phase finale des Écritures connues jusqu'à ce jour à travers des prophéties, des bibles, des religions, des prémonitions.

La phase finale n'est, et ne sera, que la conséquence d'une faiblesse acceptée, d'un combat refusé, d'une alliance repoussée, d'une société écrasée.

Le peuple de France subira et comprendra qu'un futur ne peut que se mériter.

Mériter un futur, c'est préparer dans le combat et le travail un présent à transmettre. Le peuple de France, par la connaissance et la possession des Écritures, sera pour lui-même, et pour l'humanité à venir, l'exemple du rachat, de l'élévation en refusant dans l'engagement et l'espérance une continuité de la société qui présente en ce jour, et qui ne donne en retour, qu'une décadence de liberté soustraite à la dignité. Le peuple de France par son passé sera l'exemple du futur. Le peuple de France, dans l'engagement qui se fera obligatoirement par l'acceptation d'une table de lois et d'une charte universelle, accomplira dans le combat un sursaut d'héroïsme et de force qu'il puisera à travers les Écritures, et qui le poussera au summum de la victoire afin de donner aux enfants issus du peuple de France, l'espoir et la force d'une liberté qui ne peuvent s'acquérir que par la liberté dans la dignité, le courage et le devoir. Le peuple de France, dans son combat, n'aura qu'un seul ordre, qu'un seul but : gagner.

Gagner la victoire de l'honneur contre le déshonneur…

Gagner le combat de l'élévation contre la déchéance…

Gagner le bonheur du travail contre l'exclusion…

Gagner l'amour dans la vie contre les excès…

Gagner la Terre de France contre la lâcheté…

Le peuple de France aura, et saura que la table de lois de la connaissance universelle et la charte universelle seront sous sa garde et sa protection à travers des personnes issues de profession particulière ; que cette garde et cette protection seront l'honneur suprême pour l'humanité tout entière.

Le peuple de France doit savoir que le futur, dans son engagement pour la construction de la paix universelle, ne se fera et ne surviendra que par son exemple et son courage, que le peuple de France par cela même, détiendra sur la terre l'issue du futur et l'élévation de tout être.

Le peuple de France doit savoir et accepter que son engagement par le combat sera basé sur les titres qui appartiennent à la connaissance universelle.

Le peuple de France doit savoir et accepter que la connaissance universelle sera son guide et le créateur du futur. Aussi par ces titres, le peuple de France, pour son élévation, devra-t-il accepter et s'engager dans le bien pour le bien à travers ces sentiments.

FOI… HONNEUR… AMOUR… LOYAUTÉ…
COURAGE… VOLONTÉ… DEVOIR… RESPONSABILITÉ…

Néfertiti

CHAPITRE I

L'humanité

INTRODUCTION

Il appartiendra à tout être de la Terre de réfléchir sur l'importance des Écritures, la profondeur extrême des sentiments, la souveraineté de la vérité dans la forme la plus simple mais ô combien réelle !...

Le souvenir, la pensée, l'acte, sont la ferveur de nous tous unis dans la même pensée, le même combat, qui est celui de la vie... mot sublime où chacun de nous repose sa conscience et dépose dans le subconscient la mémoire de tout pour tout.

L'humanité est une existence réelle, visible, omniprésente.

L'intelligence est une existence réelle, invisible, impalpable mais présente.

La mémoire est un contexte réel, sensible, inviolable, mystérieux.

L'être est une spiritualité sensible qui assemble en elle-même l'intelligence, la mémoire, qui fait de son existence, la vertu des sentiments.

L'humanité, dans le contexte de civilisations passées et présentes, dans la vision actuelle d'une décadence et d'une régression agressive, doit accepter par la force des choses, dans la mesure de ses propres connaissances, l'existence dans l'invisible d'une intelligence particulière, présente, active, née de l'infini des temps, supérieure à l'intelligence humaine dans la création et la conception de toute chose.

La maîtrise de cette intelligence sera un acquis pour l'humanité tout entière lorsque celle-ci sera capable d'établir un état des lieux de toutes les civilisations et sociétés actuelles, dans leur manière de vivre, de faire vivre, de créer, puis de déposer la paix universelle sur la Terre entière.

La maîtrise de cette intelligence si particulière sera le cadeau de l'Univers dans sa complexité mais particulièrement par la beauté et la grandeur de sa force.

L'intelligence suprême de la matière sera la force de demain dans la maîtrise de toute chose, mais uniquement pour le bien dans le bien.

La maîtrise de la matière permettra à l'être dans la société du renouveau d'agrandir et d'élargir sa connaissance, son élévation, d'accomplir des prouesses par de nouvelles matières, de nouveaux métaux, des alliages, des fusions, qui seront totalement différents de tous ceux connus actuellement et dont les formes négatives détruisent à petit feu l'univers et ses bienfaits, la nature et sa source de vie.

La pollution du présent ne doit pas être l'héritage du futur.

Le futur doit être la renaissance de la création et de la conception.

La pierre et la terre, l'eau et les plantes, les vies animale et aquatique, redonneront aux civilisations du futur la bienséance de la vie dans tout son contexte.

Que notre mémoire garde à jamais la beauté du passé à travers des civilisations particulières qui ont enrichi le patrimoine culturel de l'être par la construction, la particularité, la force, l'étonnement et la grandeur.

Il ne faudra retenir de ce passé que la richesse et la beauté du travail accompli de la main de l'homme et la richesse de la connaissance accumulée depuis des siècles et des siècles.

La découverte du futur sera l'apprentissage de la vie dans un contexte jamais égalé mais dont le chemin à parcourir sera le compte à rebours du présent au passé et du passé au futur.

Le compte à rebours commencera par la destruction de la matière dans la matière puis par la reconstruction de toute chose en alliance avec l'intelligence suprême de la matière et en accord avec la spiritualité sensible, active, positive…

***

La porte d'Ishtar vaudra à elle seule l'éternité.

La mémoire du passé ne peut se résumer qu'au souvenir de l'homme à travers l'ouvrage et la pierre travaillée.

Ce symbole terrestre perpétue à lui seul l'immortalité de la connaissance et le parchemin de la vérité.

Qu'advienne le Futur.

* * *

Dans le contexte d'un passé lié à la connaissance de l'homme par rapport à son temps, à son histoire, à sa politique, à sa religion, à ses guerres, à ses conquêtes, à ses idées, dans des époques dites de civilisations disparues, reconnues ou supposées, dans des lieux et des continents aussi différents les uns que les autres, par rapport aux races multiples et de couleur, l'homme doit savoir reconnaître et accepter que le présent, pour le futur, n'est que la conséquence de ce passé issu de méconnaissance, d'aberrations, d'ignorance, mais surtout d'abus de pouvoir sous toutes ses formes, aussi bien de l'homme envers l'homme, de l'homme envers la femme, de l'adulte envers l'enfant ; abus de pouvoir par la religion envers les hommes et les femmes, pour la maîtrise de l'intelligence, du savoir et de la connaissance liés à des époques différentes ; abus de pouvoir de la

politique envers les hommes et les femmes pour la maîtrise des richesses, des terres, à travers l'esclavage moral, intellectuel, spirituel, physique ; abus de pouvoir de manières différentes par rapport à des fonctions supérieures, d'une profession ou d'un statut autorisant ou permettant à ces personnes d'abuser sous toutes formes du bien corporel, sensuel, moral, intellectuel, spirituel, d'êtres soumis ou vendus, voire achetés pour l'accomplissement d'actes quels qu'ils soient sous toutes natures ; abus de pouvoir entre les faibles, à seule fin de pouvoir survivre suivant la situation, le travail, le lieu ou l'accaparation d'abondances pouvant être pris par toutes formes de délations ou trahisons si ces éléments et sentiments amènent la survie desdites personnes faibles donc soumises et asservies.

Le passé, à travers les civilisations reconnues ou méconnues, supposées ou comprises, le statut de l'humanité par rapport à ses lois ou les occupants de la terre, a été différent, particulier, difficile, négatif ou positif suivant l'ethnie, l'appartenance à une religion ou à une politique.

Mais il est capital de reconnaître que l'humanité a toujours apporté l'exemple de la soumission passive ou excessive ; l'esclavage et la domination, la supériorité d'un être envers un autre être, qu'il soit de l'homme envers l'homme, de l'homme envers la femme, d'un continent à un autre continent, d'une culture à une autre culture et de peuples envers d'autres peuples.

Il faut savoir qu'à travers les temps, une forme de connaissance a toujours été donnée à être connue et travaillée par l'homme, pour que celui-ci puisse transmettre et transposer par voie de conséquence cette connaissance, afin que s'accumulent avec le temps une force et un savoir liés à la connaissance universelle pour que puisse s'accomplir le futur.

Comment ? Pourquoi ?

La connaissance universelle n'est que l'espace temporel d'une connaissance comprise et apportée par les hommes à travers les écrits, les prophéties, le subconscient, les prémonitions, qui ont permis à des sages du passé en passant par les philosophes, les écrivains, les voyants, les psychologues, les scientifiques etc., de nous laisser des traces irréfutables ou soupçonnées de civilisations plus ou moins intelligentes, plus ou moins élevées, plus ou moins scientifiques, spirituelles ou politiciennes.

Il faut savoir que, dans le passé, la connaissance liée au savoir, par rapport aux structures universelles liées étroitement et invariablement à la constellation interplanétaire et à l'univers tout entier, a été supérieure à une différence technologique du présent actuel.

Le présent actuel n'a fondé sa connaissance que par celle d'un passé retransmis soit par écrit, soit par la construction, soit par des vestiges visuels ou matériels laissés au fil des temps par nos ancêtres les Terriens.

L'humanité du passé la plus lointaine et la plus méconnue, mais la plus recherchée, avait un sens de la civilisation, de la chirurgie, de la politique, totalement différent de l'humanité du présent.

Il faut savoir que les premières civilisations hautement élevées se basaient sur un sens profond de l'élévation spirituelle par rapport aux hommes et dans un contexte de respect mutuel les uns envers les autres.

L'harmonie qui existait entre les sentiments humains, régie par des lois simples mais sûres et rigides, formait un tout dans la spiritualité qui est forcément le premier des sentiments qui régit une force et une attraction fondamentale d'un sentiment envers d'autres sentiments. Cette spiritualité existait par une connaissance profonde de la nature, de tout ce qu'elle pouvait donner ou faire découvrir.

Il faut savoir que les civilisations antérieures, très lointaines et hautement élevées, avaient une connaissance très profonde de cette nature qu'est la Terre, qui, elle-même, est reliée par un fil invisible à la structure universelle d'un système solaire et de planètes qui fonctionnent et régissent par cela même le déroulement de cycles qui font la vie et le temps de toute chose de la nature.

Les civilisations du passé, en connaissance avec la nature, avaient acquis une profondeur extrême de l'intelligence et de la sensibilité, car ces sentiments étaient obligatoirement liés à la beauté de la nature. Ces sentiments se reportaient sur les peuples élevés qui s'enrichissaient et s'agrandissaient par cette connaissance qui devenait un profit et un labeur qui se fructifiait par rapport aux besoins de leurs personnes. Chacun et chacune trouvaient et vivaient de la connaissance de la nature, en faisaient profiter les progénitures, les familles et les amis.

Dans des civilisations hautement élevées, s'initiaient également la pratique et la recherche toujours poussées plus loin vers une connaissance et une force supérieure.

Pour cela, il existait des personnes dont le statut se différenciait de celui des gens qui incitaient à une croyance ou à une force supérieure à eux-mêmes, pour justifier ou remercier des abondances ou des réussites acquises sur leurs terres.

Ce statut particulier, dans les civilisations élevées, enrichissait la spiritualité mais surtout la préservait.

Il faut savoir qu'une spiritualité entretenue, comprise et encouragée, favorise et garantit une continuité de vie dont la qualité et la richesse favorisent et entretiennent une souveraineté de la nature envers les civilisations, et une souveraineté des civilisations pour la nature.

Que veut dire la souveraineté de la nature envers les civilisations.

Dans les temps très lointains, la nature était riche et très belle. Surtout saine et propre. La pollution survenue à notre époque, n'existait pas.

La nature est le premier élément important de la planète Terre. C'est la plus grande richesse que l'homme ne pourra jamais donner, ne pourra jamais créer, ne pourra jamais ignorer. Car de tout temps, la nature existait avant même la croyance et l'intelligence de l'homme sur la Terre.

La nature se confond en harmonie, invisible ou visible, avec la structure universelle, dont la dimension est incalculable en fonction de la force attractive d'un fragment de particule visible ou invisible de la matière que constitue l'univers dans son immensité. La particule visible ou invisible de la dimension universelle est une matière vivante, sensible et belle car elle constitue par la quantité de particules visibles ou invisibles, colorées ou non colorées, la matière que nous regardons chaque jour ; la nature entre autre.

Il faut savoir que la nature ne se limite pas à une vision matérielle, tant sa diversité est immense. Aussi bien par les plantes, les fleurs, les arbres, les rivières, les mers, la terre en elle-même et tout ce qui coule de source, mais aussi la vie animale.

La nature ne se limitant pas à une vision matérielle, cela veut dire tout simplement que la nature contient la vie, mais est aussi une vie. La vie de la nature est la partie invisible. Mais pourtant c'est une loi universelle qui est régie par sa structure en elle-même, à travers l'existence de toute chose et par la transformation avec le temps de toute chose.

La partie invisible de la nature est la plus sensible, la plus réceptible. C'est elle-même qui régit ou accepte la création ou la transformation, la continuité ou la fin de sa propre existence.

Cela veut dire :

La partie de la nature, qui est composée de particules invisibles mais vivantes, est l'intelligence suprême.

Pourquoi ?

Les civilisations antérieures, très lointaines, qui aimaient et respectaient la nature, ont amené avec cette sensibilité qui émane de la spiritualité, une richesse supplémentaire de la nature : l'existence même de sa propre existence à travers sa richesse, sa diversité, qui donnait le bonheur.

L'intelligence suprême de la nature invisible est réceptive à toute forme d'activités car sa recherche et son entretien favorisent l'expansion de sa propre sensibilité qui donne forcément le désir et le besoin de devenir plus belle et plus forte.

La partie visible de la nature profite immédiatement de ce désir en s'accroissant et en se faisant découvrir.

Comment ?

Les civilisations antérieures et très élevées aimaient la nature. L'attirance vers la nature et vers sa richesse a permis à des êtres intelligents de s'intéresser et de s'occuper de la diversité de cette richesse afin d'améliorer la vie de ces époques. L'attirance vers la richesse et la composante de ses plantes et matières ont été poussées et favorisées par l'intelligence invisible de la matière qui se confondit entre l'intelligence terrienne et universelle.

Cette intelligence terrienne et universelle a formé un lien invisible et visible à la découverte de bienfaits. L'intelligence terrienne et universelle se confondit dans un lien suprême par la force attractive de particules invisibles qui forment un tout dans toute matière.

Les particules invisibles voyagent. Possédant la vie et l'intelligence, elles ont forcément la maîtrise de toute chose et en toute chose ; y compris en elles-mêmes. Si les particules invisibles maîtrisent les choses, elles maîtrisent la matière.

Il faut savoir que la matière invisible ou visible est une structure universelle qui relie par un fil invisible l'existence de toute chose dans un contexte de vie et de matières qui se confondent et se marient dans les mêmes particules visibles ou invisibles, divisibles ou indivisibles, dont les êtres vivants.

La matière invisible, en activité constante avec la nature et l'univers, a le pouvoir suprême de pénétration en toute chose. Cette pénétration invisible peut être positive ou négative. La matière invisible et réceptive ne peut être positive que si l'on aime la partie visible : cela coule de source.

La spiritualité émane de sentiments. Les sentiments sont de beauté et de vertu s'ils apportent le besoin et le désir d'enrichir et d'approfondir la connaissance à travers la richesse de matières pour le bien-être. La richesse de matière a besoin d'évoluer et de se multiplier quand elle favorise l'expansion du bien-être.

Comment ?

L'intelligence suprême de la matière invisible pénètre en fonction du temps et des choses dans la spiritualité Terrienne ; c'est-à-dire l'intelligence.

Cette intelligence, en harmonie avec la matière invisible donc universelle, encourage et favorise la découverte et la richesse des bienfaits de la nature.

Les plantes, la pierre, l'eau, les fleurs, les animaux, les arbres, les métaux sont les premiers éléments les plus importants qui ont accepté par leur intelligence réceptive et positive, d'apporter une aide extraordinaire pour l'enrichissement et l'épanouissement de civilisations hautement élevées.

L'intelligence suprême de la particule invisible et universelle a permis à la matière visible de s'épanouir et de s'agrandir au fil des temps. Ce qui permit, au cours d'un passé très lointain, à des civilisations d'accomplir par leurs travaux des prouesses extraordinaires. Elles étaient multiples et magnifiques ; aussi bien par le travail de la pierre, en passant par la quantité et la richesse de métaux, la beauté et le travail des tissus, que l'entretien continuel d'une nature luxuriante.

Cela était la composante irréfutable de l'harmonie des sentiments dans l'invisibilité d'une matière épanouie, embellie et positive de la nature envers l'homme et de l'homme envers la nature. La composante irréfutable de l'harmonie est la base même de la spiritualité.

Que veut dire la spiritualité ?

La spiritualité est le sentiment le plus noble, le plus pur et le plus difficile.

La spiritualité est la base même du sentiment dans les sentiments, par la reconnaissance et la ferveur dans l'amour et le respect. L'amour et le respect engendrent la vertu d'une intelligence et d'une matière quand elle est travaillée ou donnée, quand elle est positive et en activité.

La spiritualité est une vertu dont la noblesse permet à des êtres d'élever dans les travaux de toutes choses une force extraordinaire pour l'accomplissement et l'assentiment de tous actes.

La spiritualité est un pouvoir relié par un fil invisible à l'intelligence suprême de la matière invisible composée de particules vivantes et actives, unissant la structure universelle dans son immensité à la structure terrienne dans sa totalité. Ce pouvoir, relié à l'intelligence suprême, apporte à la spiritualité active la beauté et la richesse des sentiments.

Le pouvoir de l'intelligence régie par la loi universelle dans sa structure amène l'élévation du sentiment pour n'en faire qu'une richesse et un poids immense envers un acte ou une action. Plus le poids est immense, plus la force sera, plus l'intelligence sera forte, plus la spiritualité dégagera des sentiments axés sur l'obligation de donner et de donner plus de vertu dans la tâche quotidienne ou dans la recherche de plus en plus poussée de la matière.

La spiritualité est le sentiment le plus excessif et le plus dramatique. Le sentiment, qui est le premier d'une quantité et qui ne peut que se multiplier suivant les actions ou la pensée, devient excessif par la poussée de l'intelligence invisible de la matière sur la propre matière invisible pénétrée par l'intelligence de la matière invisible donc les particules.

La spiritualité est l'accomplissement d'une vertu intelligente, mais d'amour, pour l'épanouissement dans le travail, pour l'apaisement dans un acte, pour l'enrichissement dans la recherche et la continuité de la vie, de la matière, des êtres, de l'univers.

La spiritualité, reliée par le fil invisible de l'intelligence suprême dans la structure universelle de la matière, a toujours été depuis les temps infinis jusqu'à ce jour dans l'exercice actif, positif, passif, mais parfois négatif.

La spiritualité, dans les civilisations antérieures élevées et très lointaines, a toujours été la force dominante de ces temps, car la spiritualité, liée à la connaissance et par cela même au mystère de l'univers dans sa conception et sa création, a été le facteur majeur de l'élévation mais aussi de la destruction.

Il faut savoir qu'une spiritualité dominée et régie uniquement par la sensibilité et l'amour de toutes choses et envers toutes choses, pour le bien-être des éléments visibles ou invisibles, pour l'élévation et l'entretien de la nature et des êtres, cette spiritualité dans l'intelligence suprême ne peut être qu'active et positive.

Il faut savoir que dans les civilisations antérieures et élevées, l'intelligence suprême est devenue active et négative, afin de reprendre ce qu'elle avait donné à travers sa beauté et sa richesse.

Les particules invisibles, vivantes, intelligentes et actives ont détruit en un temps très court ce qui avait été permis aux êtres de prospérer dans cette richesse luxuriante.

Il faut savoir que la spiritualité d'amour, devenant à travers les temps une spiritualité de profit, ne peut plus recevoir par l'intelligence suprême la même force et le même droit, quand celle-ci protégeait au-delà même de l'invisibilité, la vraie spiritualité dans sa vertu. Tout sentiment devenu dominateur, et par conséquent excessif, traduit obligatoirement un rejet ou une porte fermée mais invisible du bien et de la prospérité à travers la matière. La prospérité et le bien à travers la matière sont une abondance qualitative et de force dans la demeure extrême du sentiment de la vertu, par rapport à l'intelligence de pouvoir d'une matière invisible, structurée et unie dans une seule matière de particules visibles et invisibles, colorées ou non colorées, entrant dans un domaine universel, scientifique, mystérieux, philosophique, psychologique.

Il faut savoir que dans les civilisations antérieures et très élevées, la spiritualité, la nature et la politique étaient étroitement liées et vouées aux mêmes pensées : l'épanouissement et le bonheur des êtres. La politique est un mot particulier, grave, impliquant une responsabilité d'intelligence et d'actes envers soi-même et les autres, et un engagement envers toutes choses faisant partie intégrante de la demeure extrême du sentiment, en passant par l'union sacrée de la matière visible ou invisible, de la nature et de l'être et pour toute chose vivante.

Cet engagement devient une forme de loi d'application immédiate, d'instauration d'un système et d'un mode de vie, régie et fonctionnant par cette loi d'application.

La politique, dans les temps très lointains, ne peut être totalement expliquée ni à comprendre, car la diversité des civilisations souvent maintenues par des rois ou des sages n'a rien apporté pour le présent.

Il faut savoir qu'à travers l'espace temps du présent au passé le plus lointain et le plus inconnu pour le commun des mortels, il existe plusieurs époques et civilisations, qui, dans leurs existences, leurs fonctions, leurs politiques et leurs religions, sont les intermédiaires et les prémices à travers les siècles de la préparation du futur.

Il faut savoir que les particules invisibles de l'intelligence suprême pour toute existence, sont parties intégrantes du passé, du présent, du futur. L'intelligence suprême de la matière, dans l'espace temps d'un futur au passé, à travers l'espace temps du passé au présent, a préparé, souhaité, envisagé l'existence d'un futur parfait et symbolique, par rapport à des époques passées, des temps préparés, des faits précis et la continuité par les hommes à travers la spiritualité passive de l'intelligence, des actes d'écrits bibliques, prophétiques, de sages, de religions. La spiritualité passive est survenue dans l'espace temps de civilisations hautement élevées, dans l'intelligence suprême de l'activité positive jusqu'à la disparition de ces civilisations par l'intelligence suprême de l'activité négative.

La spiritualité passive a transmis, par l'intelligence suprême, une volonté et un désir de connaître, de savoir, d'espérer un futur par des événements, des religions créées par l'homme et pour l'homme, l'avènement particulier de personnes choisies pour représenter dans le monde et sous différentes manières, la maîtrise de la pensée par l'acte et de la pénétration dans la spiritualité de l'intelligence suprême de la matière invisible structurée et unie dans l'univers et son espace.

Il faut savoir, que les civilisations antérieures à notre présent ont été supérieures dans la qualité et le mode de vie, même si ces civilisations pratiquaient l'esclavage, la soumission et la guerre.

Les grandes civilisations antérieures les plus connues ont laissé, à travers le temps, un souvenir et une histoire que rien ni personne ne pourra égaler par rapport au présent.

Il faut savoir que ces civilisations sont nées dans la reconstruction passive de l'intelligence suprême.

À savoir.

Par la destruction de civilisations hautement élevées par l'intelligence positive, la préparation du futur s'est engagée et préparée dans la destruction de ces civilisations. Les particules invisibles de l'intelligence suprême ont toujours gardé leurs forces, leurs sentiments et leur beauté, mais, par le premier exemple d'un abus d'autorité de la spiritualité intelligente de civilisations, l'intelligence suprême de la matière a fondé un renouveau basé sur la vertu des sentiments ; c'est-à-dire la préparation de l'intelligence suprême d'une civilisation qui s'établira et fonctionnera dans une vertu de sentiments, qui elle-même sera régie par une table de lois de la connaissance universelle. De sorte que la civilisation du renouveau ne pourra plus devenir une spiritualité de profit car l'intelligence suprême de la matière donnera la possibilité absolue à la civilisation du renouveau de connaître et de comprendre le sens profond de la spiritualité de vertu et la possibilité de voir et d'aimer l'intelligence suprême dans l'extrême profondeur du sentiment de l'amour, de l'abnégation, mais surtout de l'élévation des sentiments envers et pour toutes choses.

Pourquoi la reconstruction de civilisations dans l'intelligence passive ?

Il faut savoir qu'un futur ne pourra jamais se construire sans un passé ni un présent. Pour reconstruire un renouveau, la spiritualité de profit doit devenir un abus de pouvoir dans tous ses excès afin que les civilisations nées d'un passé et se multipliant dans le contexte d'un présent, ne puissent plus jamais avoir le désir ni même l'envie de revivre ou de renaître d'un abus de pouvoir excessif dans tous les domaines.

Il faut savoir que les civilisations antérieures ont également connu dans différentes époques, des abus de pouvoir sous toutes formes. La reconstruction de civilisations dans l'intelligence passive s'est faite très lentement à travers des siècles, des intelligences différentes, mais surtout à travers des écrits bibliques et prophétiques.

Cela amena, par voie de conséquence, la naissance de multiples religions à travers des civilisations, des époques et des continents. Il serait trop long et fastidieux de remémorer la quantité de dieux nés de ces écrits ou croyances. Ces états de fait étant déjà expliqués sous différents écrits, par des hommes courageux. Mais il faudra retenir obligatoirement ceci : quelle que soit la forme de dieux nés de civilisations antérieures, il faut savoir que ces formes de croyances ont influencé directement le mode de vie et de lois de ces civilisations.

Certaines civilisations ont été grandioses et fastueuses car le peuple issu de ces civilisations profitait largement du bien-fondé de la religion du moment. L'influence positive régissait le mode de vie et basait la structure de la société ou cité à travers la religion. Cette structuration se composait toujours de prêtres ou de sages suivant l'appellation de l'époque. Mais leurs influences étaient extrêmement importantes sur la façon de vivre ou de gérer le peuple à travers ses lois, souvent rigides et strictes et à donner toute sentence suivant la désobéissance.

Il n'est nul besoin d'expliquer davantage la vie de société quelle que soit la forme de religion. Même positive, l'influence religieuse s'est, au fil des temps, transformée en abus de pouvoir dans des excès où l'atrocité ne peut être égalée que par celle des guerres. Certaines civilisations, très fortes et influençables, ont adoré des dieux.

Mais par le même procédé, la destruction et la décadence a voué à l'échec la prospérité même de sa grandeur. Les civilisations antérieures, quelle que soit l'adoration pour des dieux ou la croyance de la religion, donc d'un dieu, ont toujours eu un commencement de beauté et d'espérance pour terminer dans une apothéose de décadence et de négation envers eux-mêmes et leurs civilisations.

Il faut savoir que les religions pratiquées de façons différentes ont toujours été la base d'un enrichissement personnel devenu, au fil de la décadence d'un profit dans l'abus de pouvoir. La pratique de la religion et son enrichissement étaient la base même de la volonté de la croyance. Lorsque des personnes devenues prêtres ou sages obligeaient les peuples à se soumettre ou à accepter la croyance, l'obligation en revenait à ces peuples d'honorer sous toutes formes, ces personnes mêmes qui les obligeaient à la croyance.

Dans les civilisations antérieures, la forme d'adoration était différente suivant les époques ou les lieux.

Mais il faut savoir que cette forme d'adoration soumettait obligatoirement le peuple à un assentiment et une passivité jusqu'à en devenir une soumission excessive voire un abus de pouvoir.

Au fil des temps, dans les civilisations antérieures, l'intelligence suprême mais passive, a permis à ces civilisations d'évoluer lentement. La progression matérielle, spirituelle, intellectuelle était fondée sur le temps futur et l'avènement d'autres événements pour la préparation et la conséquence de ce futur. La technologie n'existait pas ou si peu. Mais l'évolution et la grandeur de ces époques se différenciaient par rapport à la nôtre. La main-d'œuvre qui était bien souvent issue de l'esclavage ou de conquêtes remplaçait hautement la matière et la technologie de notre époque. Mais il ne pouvait y avoir de différences dans la beauté et le travail de la matière, même si les travaux sont issus de métaux ou de mains-d'œuvre créées de l'homme ou de la machine.

L'intelligence suprême de la matière dans l'union sacrée de la spiritualité intelligente de civilisations, a été différente dans la progression. Cette progression s'est faite en plusieurs civilisations, plusieurs époques, plusieurs continents.

La progression a été positive et excessive dans le passé par le travail de la pierre, des métaux, des tissus et de la terre.

Comment ?

Les civilisations antérieures avaient acquis à travers la progression lente et passive de l'intelligence suprême, une dotation exceptionnelle dans la beauté et la perfection. La beauté et la perfection se situant principalement dans les travaux de la pierre, des métaux, des tissus, des couleurs et de l'art. La construction des cités, des monuments, des palais, des demeures jusqu'à la mort dans l'existence, sont d'une beauté sublime et émanent d'une force particulière de création dans la vie et pour la postérité. Les moyens utilisés ont toujours été limités par les machines mais innombrables et en quantité toujours renouvelée de la main-d'œuvre.

Il serait inutile de poursuivre au-delà de certaines explications. L'histoire du passé dans sa construction se reflétant dans notre présent même démoli. Mais il restera toujours en mémoire, soit par les écrits soit par les constructions, l'existence de civilisations antérieures progressives mais passives dotées d'un savoir immense mais limité, d'une connaissance profonde de la nature mais restrictive et une histoire de religion d'influence très forte aussi bien sur les civilisations que sur les maîtres du moment.

Certaines civilisations dans la croyance de leurs dieux ou de la religion ont poussé jusqu'à l'excès, des peuples et des chefs, soit de guerre soit de religion dans des abus tels qu'il serait trop difficile d'expliquer.

Mais il faut savoir que ces civilisations dites cruelles ont toujours amené dans leur sillage un rejet et un dégoût, puis une différence entre les choses et les êtres. Les abus et les excès se sont toujours portés sur les êtres, principalement en état d'infériorité ou les justifiant comme tel.

Mais il faut savoir qu'au fil des siècles et malgré leurs forces par la force, ces civilisations excessives, ont obligatoirement et forcément disparu dans leurs propres déchéances, déchirements et souffrances. Le chaos quel qu'il soit dans ces temps reculés par rapport à notre temps, mais pourtant si proche, a imprégné malgré tout notre existence par de nouvelles civilisations, de nouvelles religions, croyances et politiques, mais toujours basées sur une forme de connaissance particulière.

Il faut savoir que, malgré les excès, les abus, les religions ou les politiques de ces civilisations, suivant leurs temps ou leurs époques, l'intelligence suprême mais passive a toujours permis à des êtres de faire progresser d'une façon ou d'une autre la connaissance universelle acquise pour toujours depuis les temps infinis à la matière visible et invisible et à la spiritualité intelligente de civilisations.

La connaissance universelle acquise par des êtres suivant les époques fut importante et la base de la progression pour toute chose. Mais exceptionnellement, la connaissance universelle fut très importante en certaines époques afin de justifier la connaissance même de notre époque.

La technologie de ces époques était différente, mais la connaissance de ces temps a permis d'élaborer et de conclure à l'existence de forces extraordinaires, mystérieuses et une foi particulière pour la nature, l'univers et ses richesses car la richesse d'une terre et d'un univers, ses mystères et sa force ne sauraient être utiles si une connaissance ne permettait pas à ces richesses de se faire connaître et de pouvoir apporter les éléments et les ingrédients pour la préparation de mets aussi délicats les uns que les autres.

La préparation de mets délicats est nécessaire et justificative d'une forme d'expression et d'existence de la connaissance universelle. La délicatesse de la préparation se substituant bien souvent à la forme de religion ou de croyance, de régisseur de la société, soit d'un roi soit d'un guerrier.

Il faut savoir qu'une connaissance ne peut être donnée à ceux-là mêmes qui régissent ou qui gouvernent par leurs statuts, le sens de la vie et la continuité de civilisations, même d'intelligences passives. Car la progression, même lente, d'une civilisation ne peut se faire qu'à travers des êtres à part entière, sous une certaine forme de pureté dans la spiritualité intelligente.

La pureté dans la spiritualité émane obligatoirement d'une forme d'élévation en avance sur le temps. Mais, ayant systématiquement la connaissance d'un passé et une accumulation à travers et avec l'intelligence suprême de la matière dans la matière.

L'intelligence suprême de beauté et de force ne peut être acquise et donnée qu'à des êtres choisis, afin que ceux-là progressent et transmettent à leur époque et pour le futur, les premières connaissances qui évolueront par la force des choses au fil des temps et des civilisations, qui elles-mêmes auront également des êtres choisis, dotés d'une spiritualité intelligente élevée, avec le plus du passé dans le passé, par son accumulation dans l'espace du nouveau temps de ce présent.

Cette accumulation de connaissances évolue à travers les êtres, les matières, les éléments, mais toujours dans l'intelligence suprême passive.

Les richesses de l'univers.

Il faut savoir que les civilisations antérieures ont toujours laissé intacte une richesse donnée à l'être. Cette richesse acquise et fructifiée par l'intelligence suprême de la matière invisible est restée intacte dans sa pureté. La pureté de la richesse ne veut pas dire forcément intacte dans sa totalité mais précieusement employée par l'intelligence de l'homme. Malgré l'épuisement ou l'abus d'extraits de matières ou de métaux, l'abus n'a jamais excédé l'entendement.

L'abondance des richesses étant multiple par rapport aux civilisations, elles ne pouvaient s'épuiser jusqu'à disparition. Cependant, il faut savoir que toutes formes d'exploitations, de travaux ou d'enrichissements, l'utilisation et la production, ont toujours été judicieusement calculés en fonction des besoins, même si cela comportait des dus envers la souveraineté ou de nations conquérantes.

Mais surtout, il faudra obligatoirement retenir ceci : l'héritage du passé des civilisations antérieures est une seule richesse laissée intacte... LA NATURE...

La nature, diversifiée, immense et merveilleuse a toujours été la source de vie. Source de vie en toutes choses et pour toutes choses. L'harmonie des sentiments alliée étroitement, entre la matière visible et invisible de la structure universelle, à l'intelligence spirituelle, n'a formé et ne sera qu'un tout jusqu'à la fin des temps.

Il faut savoir qu'à travers les temps infinis du passé jusqu'à la fin des temps du futur, seule l'intelligence suprême sera le guide de la vie par la transformation, l'élévation, la création et la conception de la vie, de la grandeur, de la beauté, de la force du pouvoir.

Sans l'intelligence suprême, aucune forme de spiritualité ne pourra exister, même si l'alliance entre les deux matières peut être positive, passive, négative.

Mais il faut savoir qu'à travers les temps antérieurs, du passé au présent, l'alliance a toujours existé même dans sa forme négative car le premier acte, le premier devoir de l'intelligence suprême est de protéger, envers et contre tout, sa propre structure dans son élaboration, sa force et sa créativité, par-delà même la force suprême de l'univers. La richesse de la nature par cette alliance invisible mais omniprésente s'est portée garante d'elle-même. Préparant un futur de renouveau dans la connaissance, la protection absolue de la matière dans la matière était le seul lien invisible préservant par cela même la propre existence de la spiritualité intelligente même négative.

À savoir.

Les abus et les excès, exercés sur les civilisations antérieures sous toutes formes, auraient normalement autorisé une intelligence suprême à reprendre ce qu'elle avait bien voulu donner.

Mais la connaissance du futur pour la préparation du renouveau fut le pardon et le premier rachat de la spiritualité intelligente des civilisations passées et à venir.

C'est pourquoi, à travers les chaos, par les disparitions successives de civilisations, naissaient de nouvelles sociétés qui devaient systématiquement repartir sur de nouvelles bases.

Les nouvelles bases ont toujours donné naissance à des religions, de nouvelles recherches, de nouveaux abus, de nouveaux maîtres, des guerres, des conquêtes et de nouvelles formes de politique. Il serait inutile d'expliquer plus longuement la naissance de certaines religions ; tant de personnes l'ayant fait soit dans une forme de vérité, de contradiction ou de vouloir s'en approprier l'origine.

Toujours est-il que notre présent actuel subit, par la force des choses, la naissance même de ces nouvelles bases issues de notre passé.

Chapitre II

Les religions

INTRODUCTION

Le futur aura la charge et le devoir de restituer à l'être, dans un contexte de vérité et de connaissance, la virginité de la spiritualité sensible.

Le futur aura la charge et le devoir, par l'introduction d'une révélation particulière et dense, d'ouvrir la porte du mystère de la création et de la conception afin que le devenir de tout être ne puisse plus être l'apanage d'une force de soumission, d'adoration, de négation, mais au contraire, dans un contexte extrêmement grave, d'une connaissance universelle présentée à chacun et à chacune pour que le devenir ne puisse plus soumettre l'être à l'infériorité par la supériorité.

Le sacrifice et le sang, le martyr et la haine, la peur et la mort, la souffrance et l'injustice ne sont pas les vertus de la connaissance universelle.

La foi fait partie intégrante des sentiments donc de la spiritualité sensible. La vertu des sentiments doit élever l'être mais ne doit jamais l'asservir. Avoir la foi dans une dignité et dans la ferveur de sentiments d'équité et de connaissances relève de la vertu et de la grandeur de l'âme.

Celle-ci ne pourrait en aucun cas servir le bien et adorer le mal qui accepte la douleur, la souffrance, le sacrifice.

La générosité, l'amour, le pardon, doivent apporter l'épanouissement de l'être mais dans sa dignité.

Les religions, dans la subjugation de leurs ferveurs, accaparent à elles seules tous les sentiments, toutes les vertus dans l'assentiment d'une infériorité et d'une supériorité et tout ce qui en résulte...

Que l'humanité tout entière comprenne que l'on ne peut indéfiniment accepter la souffrance, la haine et la mort même si l'on sert Dieu au nom de l'amour...

Si le Dieu de l'amour était aussi cruel que l'homme?...!!!

Si le Dieu de l'amour faisait la guerre comme l'homme?...!!!

Si le Dieu de l'amour haïssait un être envers un autre

L'humanité existerait-elle encore?...!!!

À force d'invoquer Dieu... à force d'aimer Dieu...

À force de ne présenter que la misère, la faim, la souffrance, la tuerie, l'expiation, le martyr, la haine… l'humanité a fini par confondre Dieu et l'homme.

C'est-à-dire :
l'homme devient le Dieu et Dieu est son image…
Faut-il toujours aimer Dieu à l'image de l'homme !!!!
Faut-il toujours aimer l'homme à l'image de Dieu !!!!

Cette réponse ne pourra être donnée que lorsque l'humanité tout entière accomplira l'apprentissage de la vie.

Le compte à rebours a commencé.

personne n'a pu comprendre jusqu'à ce jour que la plainte vient de DIEU en implorant à travers Dame nature et la spiritualité sensible, la paix sur la terre.

Alors, écoutez-le…

***

La foi dans l'amour, l'amour pour la foi sont les sentiments qui ne peuvent indéfiniment servir la peur, la souffrance, l'ignorance.

Le symbole de la religion et la mort qui l'accompagne depuis des siècles disparaîtront au fur et à mesure que s'épanouira dans l'espérance l'être à part entière.

* * *

Il faut savoir que toute religion existant sur la planète Terre n'est que la seule intervention et création de l'homme. La naissance et la création de la religion ont toujours été un phénomène relatant l'épopée, l'existence, l'événement ou l'avènement de faits particuliers se rapportant à la nature ou de personnes ayant ou pratiquant une forme différente d'expression, de langage ou d'action. Mais il est à retenir ceci : du passé au présent actuel, toutes religions confondues n'ont servi qu'à faire prospérer, sous forme particulière, quelques individus bien placés ou de personnages pouvant profiter de cette prospérité.

À savoir.

La religion quelle qu'elle soit, est née de la spiritualité intelligente de personnes dont la connaissance était supérieure à d'autres intelligences. Pourtant, la naissance de toute religion, même d'amour ou de bonté, a toujours fini par devenir une obligation, une oppression et une division.

Au départ de toute religion, il y eut des écrits justifiant la naissance et détaillant par cela même la forme de loi et d'obéissance envers cette religion. Il est à savoir que toute religion quelle qu'elle soit, est toujours partie du principe d'une différence d'un être à un être en imposant par cela-même un état d'infériorité dans le contexte de la religion ou de la vie en société. La religion d'obligation est celle-là même qui permet immédiatement et quel que soit le temps, d'accepter l'infériorité entre les êtres même dans l'ignorance ou la connaissance. L'infériorité née de la loi d'une religion a été la plus importante, la plus aberrante et la plus atroce car une infériorité issue d'une loi particulière, gérant par-delà même toutes sortes de sociétés à travers les siècles, est la plus grande injustice de la première des lois.

Une injustice devient obligatoirement une peine à subir tout au long des siècles, même si l'être est pur. L'injustice et l'infériorité d'un être envers un autre et suivant la religion, ont été différentes, soit au fil des temps dans leurs applications, soit au niveau des civilisations et sociétés différentes et suivant également l'appartenance à une ethnie.

Mais il est à retenir, que l'infériorité née de la religion, et quelle que soit l'ethnie, a toujours été une infériorité de la femme par rapport à l'homme.

La religion d'obligation a fait que, dans les temps passés, et principalement à sa naissance, la religion d'infériorité est devenue une religion de soumission. Ce qui veut dire plusieurs adorations. Car il faut savoir qu'une religion est une forme d'adoration et principalement envers des personnages ou un personnage.

Il faut savoir qu'une adoration implique obligatoirement que les personnages ou le personnage soient les représentativités de cette adoration. Ce qui implique automatiquement que les personnages ou le personnage soient les instigateurs ou les créateurs de la religion et des religions.

Il est à savoir que les religions se sont toujours ou presque, fondées sur le principe même de l'amour, de la bonté, de la générosité, du pardon.

Mais il est à retenir qu'une religion impliquant au départ un système d'obligation et d'infériorité ne peut en aucun cas représenter les sentiments qui auraient dû être sa base, car comment expliquer et appliquer une charité dans l'abnégation, apporter l'amour et la bonté, pratiquer la générosité et donner le pardon, si au départ existe une différence. Cette différence a été faite de sorte que les êtres en état d'infériorité ne puissent en aucun cas incriminer cette différence aux représentants de la religion, mais au contraire à se retourner vers le personnage ou les personnages d'adoration qui en seraient le ou les responsables. La religion d'obligation dans les temps les plus reculés, mais de notre passé le plus proche, a donné naissance à une forme de culture génératrice de plusieurs pensées car l'adoration, et le principe-même de cette adoration, soit pour le personnage ou les personnages, a divisé en plusieurs pensées la base même de la religion.

La culture génératrice de plusieurs pensées est née de la

différence dans l'infériorité et l'obligation dans l'acte-même d'adoration.

Il faut savoir qu'à travers les siècles passés de notre temps, l'intelligence suprême dans l'exercice de la passivité et en attente du futur, a fait en sorte d'aider et d'encourager par l'alliance de la spiritualité intelligente à travers la matière, de diviser et de développer plusieurs courants de pensées et de cultures. La raison en est très simple : si la religion la plus importante devenait la plus dominatrice, l'infériorité et l'obligation dans la soumission auraient été plus graves, plus atroces, mais surtout plus meurtrières.

Il faut savoir, que les religions nées de l'homme pour l'homme, par l'intermédiaire de lois d'infériorité, ont fait en sorte qu'elles soient pour toutes choses et en toutes choses **le pouvoir.**

La religion née de la spiritualité intelligente d'individus pour l'adoration n'a été qu'un prétexte, et cela quel que soit le temps de domination, de pouvoir et d'accaparation. La domination par le pouvoir signifie la prise-même de la spiritualité individuelle de tout être par son accaparation, pour n'en faire qu'une destruction, si cela pouvait amener une spiritualité individuelle à menacer, à détourner ou à détruire le pouvoir-même de la religion à travers l'adoration. La domination née de la religion assure et assume toutes lois et tous biens, même corporels car la domination née de la religion donne une autorité sans failles à la première spiritualité intelligente de l'individu.

La première spiritualité intelligente de l'individu représente soit le chef suprême de la religion suivant la civilisation, et par cela-même, d'autres numéros se succédant les uns derrière les autres, pour la possession et la prise de pouvoir dans la division même et la multiplicité de lieux représentant le pouvoir de la religion.

Cette division par la multiplication est le principe-même de l'accaparation de toutes spiritualités intelligentes, individuelles de tous êtres. Et cela devint une oppression. La multiplication du pouvoir a généré l'oppression dans l'obligation. Le pouvoir donne tous les avantages et tous les droits. Qui dit avantages et droits dit possessions et accaparations. La possession et l'accaparation sont l'obligation de soumission dans l'oppression car la possession n'est pas divisible mais le pouvoir multiplié renforce par cela-même l'indivisibilité de la possession, le partage étant assuré pour les uns et les autres dans les biens quels qu'ils soient sans jamais oublier l'adoration et l'obligation de cette adoration.

L'obligation de cette adoration est le principe-même de la soumission à travers un devoir à accomplir car l'adoration implique une attitude, une forme de vie, mais également une série de lois sans jamais oublier que seuls le ou les personnages en sont les responsables mais non pas la première spiritualité intelligente ou les autres numéros. Les numéros suivants ne faisant qu'appliquer le principe de base tout en référant leurs travaux au premier numéro.

Ce qui fit qu'au long des siècles, et par un truchement de circonstances, soit par les guerres, soit par les conquêtes, soit par de nouveaux maîtres, la religion à travers son pouvoir s'est agrandie, fortifiée, implantée. L'implantation ou la préservation de cette implantation ne s'est jamais faite en douceur, même si le principe de base de la religion signifiait l'amour et la bonté.

L'histoire et l'homme ne devront jamais oublier qu'ils sont entièrement responsables de la dégradation de civilisations et d'atrocités à travers les siècles, mais surtout en blessant profondément et sous différentes formes la spiritualité intelligente dans sa sensibilité. La sensibilité de la spiritualité intelligente est le sentiment qui honore avant tout l'amour.

L'amour blessé et trahi par le principe-même de l'infériorité d'obligation et de soumission a été l'élément facteur de l'oppression, car une oppression engage obligatoirement la spiritualité sensible blessée à accomplir dans le devoir d'infériorité ou de supériorité l'adoration et la soumission, soit entre les spiritualités sensibles soit entre les civilisations ; ce qui est la même chose, seule la quantité faisant la différence.

L'oppression à travers les siècles, entre les spiritualités sensibles ou entre les civilisations, a donné malgré elle-même la chaleur humaine. La chaleur humaine dans l'oppression est l'obligation-même de se soutenir afin que la soumission d'adoration et la possession accaparative de biens manuels ou corporels soient moins lourdes à supporter car, à travers les siècles, les spiritualités intelligentes, sensibles, ont appliqué par-delà même l'obligation d'adoration et de soumission dans l'acceptation d'infériorité ou de supériorité, l'acte d'amour ou de générosité.

L'acte d'amour étant la base de la religion et de toute religion. L'oppression subie tout au long des siècles, à travers différentes religions, a permis aux spiritualités sensibles ou autres, de former malgré elles-mêmes ou pour elles-mêmes, une chaîne de solidarité, afin que l'obligation de soumission devienne par la force des choses une acceptation de forces supérieures, même si dans le subconscient de la spiritualité sensible une révolte ou un doute a pris place dans la pensée et la sensibilité. La pensée et la sensibilité sont des sentiments très proches l'un de l'autre, suivant la spiritualité intelligente, positive ou négative. La pensée et la sensibilité négative ont apporté le sentiment de force et d'insensibilité à travers la sensibilité de la pensée. Ces sentiments particuliers ont toujours été la force de la représentativité du numéro un qui lui-même est au-dessus de toute insensibilité.

La possession est la force-même de l'insensibilité car elle oblige, à travers des actes ou des paroles, des obligations ou des soumissions, mais toujours dans l'adoration à recevoir, à prendre, ou à obliger les spiritualités sensibles à donner leurs biens, à devoir se voir enlever leurs biens ou à subir la prise de toutes choses leur appartenant. La prise de toute chose leur appartenant s'est faite le plus naturellement du monde.

Il faut savoir qu'à partir du moment où un numéro et des numéros, se succédant les uns derrière les autres, obligent l'adoration dans l'infériorité ou la supériorité, ils amènent forcément et obligatoirement les spiritualités sensibles à devoir donner, entretenir et combler ceux-là mêmes qui les oppressent sans jamais oublier de leur faire admettre que les spiritualités sensibles ne font que donner ou honorer le ou les personnages représentés par les numéros et en leur faisant croire qu'en donnant toujours et toujours, le ou les personnages les remercieraient davantage, même si les biens reviennent directement aux numéros.

La possession physique et spirituelle dans l'obligation d'adoration a été la plus cruelle, la plus sordide et la plus atroce.

Il faut savoir, et ne jamais oublier, que la religion, quelle qu'elle soit à travers les siècles, fut le premier bourreau le plus cruel que la Terre ait jamais porté.

Il ne faudra jamais oublier que la religion, créée par l'homme à travers les sentiments de la spiritualité sensible, a déshonoré par ses actes la pensée-même de l'homme. La loi universelle n'a jamais autorisé ni donné l'ordre aux numéros de commettre et de faire subir les atrocités connues de l'humanité. La pensée de l'homme à travers les sentiments positifs aurait dû apporter la joie et le bonheur de vivre même si l'obligation d'adoration fait partie du jeu., car la pensée de l'homme peut être noble si elle est comprise et appliquée.

Mais il faut savoir que la religion, créée par l'homme à travers sa pensée, a toujours apporté l'espérance d'une vie belle et parfaite. L'harmonie de la nature, de la vie animale et de la spiritualité sensible n'aurait fait qu'un. Cela a toujours été la promesse de l'homme.

Mais il faut savoir que cette promesse a toujours été faite sous condition et sans pouvoir discuter ou contredire cette condition. Depuis la création dans notre passé très proche de la religion d'adoration, les numéros ont toujours prétendu et affirmé qu'il existait l'enfer et le paradis dans le ciel.

Pourquoi l'enfer et le paradis dans le ciel ?

Il faut savoir que les spiritualités intelligentes des numéros se sont servies, et se servent toujours, d'une certaine forme de croyance mystérieuse de la part des spiritualités sensibles, mais également de l'ardeur et du désir de ces personnes de connaître et de vivre un paradis prédit par les numéros. Il est normal et censé, par rapport aux époques et à l'évolution des spiritualités, d'admettre et d'accepter la croyance mystérieuse à travers la beauté et la force des sentiments.

Mais il ne faudra jamais oublier que la croyance d'obligation à travers l'adoration d'un ou de plusieurs personnages, pour avoir accès ou connaître le paradis, s'est toujours faite par la force, la soumission, l'atrocité.

Il faut savoir que le paradis ou l'enfer n'est que la création et la pensée de l'homme par rapport à ses actes et à ses prédilections.

À savoir.

À travers les écrits bibliques et prophétiques, l'interprétation du sens des mots s'est faite de telle sorte qu'elle ne pouvait qu'assurer et encourager dans la prospérité d'obligation d'adoration, la culture et l'origine même des écrits quels qu'ils soient. La transformation ou le sens des mots s'est fait au profit des numéros car il faut savoir que dans les siècles passés mais si proches, l'obligation d'adoration et de soumission s'est faite bien souvent sous la contrainte.

L'origine des mots enfer et paradis en sont la base et les

prémices mais également les prétextes pour la continuité d'une fausse ferveur et d'adoration de la part des numéros, mais surtout pour garder ou servir des intérêts quels qu'ils soient, mais jamais au profit des spiritualités sensibles. Les civilisations présentes et à venir ne devront jamais oublier que seule la pensée de l'homme est responsable de sa propre existence. Tant que la pensée sera de profit, d'abus et d'excès, les spiritualités sensibles ne pourront jamais trouver un équilibre et une force véritable dans un mode de vie car il y aura toujours des différences énormes entre l'infériorité et la supériorité à travers l'adoration, la soumission, l'oppression et l'accaparation.

Dans des époques particulières de l'histoire, l'abus et l'excès pour l'adoration et la soumission envers les numéros ou les intérêts de personnes au pouvoir d'un moment, ont marqué au fer rouge l'honneur et la pensée même de la religion, et à travers cela, la spiritualité intelligente de numéros. Des spiritualités sensibles, ayant été choisies pour l'élévation de la spiritualité intelligente dans la sensibilité, ont été bafouées, outragées, sacrifiées dans des souffrances telles que l'adoration même dans l'oppression et l'obligation devenait une terreur plutôt qu'un moyen.

L'intelligence suprême de la matière invisible de la structure universelle par l'intermédiaire de la connaissance universelle, pour l'élévation et la grandeur de la spiritualité élevée et intelligente, interdira à jamais, et cela dans le renouveau, la pratique et la croyance par la force, ou la souffrance.

L'intelligence suprême donnera aux spiritualités sensibles la possibilité absolue de comprendre le vrai sens du paradis et de l'enfer. *Il n'existe pas de paradis et d'enfer dans le ciel.* Mais il appartiendra aux spiritualités sensibles et intelligentes, et cela dans le renouveau, de comprendre, d'aimer et de respecter la nature dans toutes choses. La nature veut dire toutes formes de vies.

Le renouveau permettra d'expliquer la vraie grandeur des sentiments et leur application. Le renouveau n'obligera jamais la spiritualité sensible mais au contraire, engagera la spiritualité à trouver la voie qui amènera la compréhension et la connaissance à se connaître et à faire alliance dans l'union afin que symbolisent pour toujours les sentiments les plus nobles par la reconstruction-même de la spiritualité sensible dans la beauté. L'enfer vécu et le paradis imaginé ne sont qu'un et sont deux car les religions du passé n'ont fait qu'appliquer à travers les siècles la pratique-même de l'enfer à ciel ouvert sur la planète Terre par ses excès, ses abus, ses pouvoirs, ses souffrances.

Comment peut-on pratiquer l'adoration dans l'amour, la bonté, la générosité, si ces sentiments deviennent une obligation d'oppression dans la souffrance, le martyr, le sacrifice et le reniement de ses propres pensées ?

Il ne faudra jamais oublier que les religions, à travers leurs excès et les souffrances, ont toujours obligé toute spiritualité sensible et intelligente à renier leur propre pensée, si celle-ci est contraire ou différente de l'obligation d'adoration. Mais les abus et les excès ne se sont pas limités à la pensée contraire. Dans les siècles passés, l'oppression s'est également et très fortement attaquée à la spiritualité intelligente dans la connaissance. L'oppression a toujours, ou presque, considéré la spiritualité sensible et intelligente comme un ennemi potentiel contre son propre pouvoir car bien souvent, la connaissance apportait de nouvelles données, de nouveaux enrichissements dans la découverte et l'avance sur toutes choses.

La connaissance par cela même pouvait devenir un pouvoir supérieur aux numéros. L'oppression s'est toujours faite dans le sens du profit et des intérêts des pouvoirs du moment, soit en acceptant par des bienfaits la connaissance différente, soit en éliminant ou en supprimant la connaissance ou la spiritualité sensible intelligente.

La religion, par l'intermédiaire des numéros, grâce à son pouvoir par l'obligation, a réussi bien souvent à s'octroyer la richesse de la connaissance, de gré ou de force. En s'octroyant la connaissance, obligatoirement son pouvoir s'est assuré dans la continuité mais malgré tout, sous une certaine forme de vie, la connaissance a permis à des spiritualités sensibles de profiter de ces nouvelles forces. Les spiritualités sensibles ont toujours su garder une forme d'espérance malgré l'oppression. Cette espérance est innée par le principe-même de l'alliance entre l'intelligence suprême de la matière avec la spiritualité intelligente et sensible mais toujours passive. Cette alliance, même passive, a permis aux spiritualités sensibles et intelligentes de progresser, de combattre et d'apporter, au fil des temps, la conclusion et l'espérance de toute la vie.

Connaître un jour la vérité afin d'établir sur la Terre et au nom de la vérité, dans le sens profond des sentiments, le paradis qui aurait dû toujours exister, si la pensée de l'homme, par la pratique-même de la religion, avait exercé par cela même sa propre pensée = l'amour.

Le paradis n'est jamais qu'une action de bien qui donne automatiquement le désir du bien. Si le désir du bien existe, l'harmonie des sentiments existe. L'harmonie des sentiments existant, la compréhension s'installe ; ce qui fait qu'une compréhension acquise ouvre les yeux au chemin de la vie. Ouvrir les yeux, c'est regarder de face et dans la plénitude, la beauté des sentiments à travers la matière et dans la matière.

La beauté des sentiments est tout simplement l'existence de toute chose dans une structure de matière, de la Terre à l'univers, par les particules visibles ou invisibles et dans une alliance de spiritualité active, intelligente, élevée. Cette alliance se fera dans le renouveau afin que la nature puisse reprendre totalement ses droits dans l'exercice actif et créatif d'une force et d'une intelligence suprême avec la connaissance universelle.

La connaissance universelle sera la richesse du futur par ses sentiments, sa pureté, sa force, et une forme de pouvoir dans l'abnégation. Le pouvoir dans l'abnégation sera le rapprochement et l'attachement dans la pensée et dans l'acte de toute créature ou création de la matière. Plus l'amour sera fort, plus la pensée sera belle, plus l'existence se fera. Le paradis est un élément et une affirmation dans la complémentarité de la vie car une nature riche de pensées et d'amour ne pourra que donner le bien. La spiritualité sensible s'élèvera. L'harmonie se fera. La pensée s'accomplira. La Terre et l'univers ne seront qu'un. L'univers sera le futur dans sa découverte et la Terre donnera un règne de prospérité et d'abondance sur toutes choses.

La pensée de la spiritualité ne pourra en aucun cas établir une société d'infériorité ou de supériorité, celle-ci faisant partie intégrante de la matière dans la matière.

Chapitre III

Les guerres

INTRODUCTION

Le futur aura la charge et le devoir d'accomplir les grands travaux de la paix universelle lorsque l'humanité aura compris qu'il faut cesser la guerre...

Lorsque l'humanité aura compris cela, le compte à rebours de la destruction pour l'apprentissage de la vie sera à son point culminant.

La force suprême de l'intelligence est claire sur ce point : l'apprentissage de la vie, dans la phase finale de la destruction pour la reconstruction, sera l'accumulation dans un temps très court de tous les fléaux de la Terre subis par l'être humain depuis des millénaires.

- La Terre ne peut plus souffrir du sang humain pour l'assouvissement des uns et la richesse des autres.
- L'humanité n'a plus à souffrir de la jouissance des tortionnaires et de la luxure des autres.
- La guerre pour la paix ou contre la paix ne sera jamais la solution universelle.

- La reconstruction par la destruction de la matière dans la matière sera la première action bénéfique qui amènera le monde des affaires à devenir identique et sur la même position : -- Point zéro --

Ceci sera donné à comprendre lorsque la première phase de la destruction de la matière aura commencé sur la planète Terre.

***

Ce symbole très puissant reflète à lui seul le crime contre l'humanité :
le passé, le présent ne font qu'un à travers le guerrier, le chevalier, le soldat...

À quand la paix ?...

* * *

De tout temps jusqu'à notre époque, les guerres ont toujours fait partie intégrante des civilisations. Les guerres furent différentes suivant les époques et les lieux, mais elles ont toujours eu pour raison la soif de conquêtes et d'acquisitions. Les guerres du passé ont toujours eu pour but d'agrandir ou de fortifier des territoires. Il serait inutile de revenir dans une époque très lointaine, le système de guerre et son principe étant le même que celui de notre passé. La guerre a amené sous différentes formes, soit la destruction, soit la construction. Elles ont été parfois positives mais toujours négatives car aujourd'hui, dans notre présent actuel, nous subissons de plein fouet les conséquences des guerres passées.

Autrefois les guerriers faisaient la guerre pour s'approprier les biens d'autrui même s'ils disparaissaient par la suite mais bien souvent, les guerriers triomphants se sont installés tout simplement à la place des perdants et en se substituant dans leur principe même de vie. La substitution s'est toujours faite dans une forme d'esclavage ou de soumission parfois cruelle, parfois destructive. Mais jamais la mémoire de l'homme ne pourra se souvenir d'une guerre dans l'honneur car dans tout acte, même de défense, l'homme a toujours apporté dans son geste, la forme de cruauté qui est l'exemple même de sa faiblesse.

Engager une guerre n'est pas forcément un acte de courage car tout acte de guerre autorise et donne la mort sous toutes formes. Dans les époques très lointaines, les sentiments en temps de guerre n'existaient pas ou si peu. Mais au fil des temps et dans notre passé, la guerre, la politique et la religion ont été complices les unes et les autres. Une complicité totale, afin que chaque camp puisse garder son pouvoir. Les guerres du passé ont eu des conséquences terribles à travers des civilisations. La diversité de celles-ci et leurs richesses ont incité à la tentation la jalousie et le désir de s'approprier par tous moyens les richesses.

La richesse de certaines civilisations survenait de leurs propres connaissances. Connaissances grandies et fortifiées par la matière et les métaux. La convoitise a toujours été un facteur déterminant pour l'entreprise de toutes guerres. Dans le passé, les guerres étaient soit de religions, soit politiques mais le but recherché était toujours le même ; prendre ou reprendre en tout bien tout honneur, même dans la mort. Les sacrilèges, les sacrifices furent nombreux et inutiles. Inutiles dans le sens où cela confirme la faiblesse de l'homme.

Les guerres du passé ont également été un facteur déterminant pour une forme d'esclavage. L'esclavage a toujours été une pratique de l'homme pour satisfaire ses besoins ou assurer son pouvoir. L'esclavage s'est fait, soit par le déplacement de civilisations, soit par la soumission dans ses propres terres. Les guerres du passé ont été un facteur élémentaire et complémentaire de l'esclavage dans la soumission pour satisfaire des besoins de plus en plus importants suivant le sens de la guerre donc la forme, ou pour une quantité de plus en plus indispensable de richesses et de biens afin d'assurer et d'assumer un pouvoir toujours plus assoiffé au fur et à mesure de sa grandeur dans sa force car un pouvoir, quel qu'il soit, survenu d'une guerre ou d'une religion, n'a pu se garder ou se fortifier que par la force. Force d'oppression, d'occupation, de soumission.

Les pouvoirs mis en place dans diverses civilisations d'occupation ont abusé plus ou moins fortement de leurs statuts. L'abus s'est toujours fait au détriment de la nature, de l'individu, de la matière. Dans toute civilisation, la richesse existait, soit par la nature, soit par ses métaux, soit par ses constructions. La beauté de ces éléments a été la convoitise et la destruction de ces conquérants. La destruction quelle qu'elle soit, n'a jamais été faite dans le sens du bien. Car la destruction d'une civilisation est la négation dans son œuvre de sa propre existence. Les guerres, à travers les conquêtes de nouveaux territoires, malgré leurs formes négatives ou de destructions ont parfois été utiles. Dans le sens de l'apport ou de l'import.

Des civilisations différentes, donc des terres différentes ,possèdent ou travaillent des matières. L'occupation de ces terres par les conquérants a contribué à l'importation et l'exportation de produits et de matières à travers les Continents. Ce furent les seuls éléments positifs de toutes les guerres, tant que ces importations et exportations ne se sont pas transformées en abus.

Certaines guerres ont parfois été utiles même dans leur sens négatif, car, dans notre passé, des civilisations avaient une forme de vie et des religions souvent très cruelles et asservissantes. Ces guerres ont tout de même changé certaines lois et contribué à améliorer le sens de la vie de ces civilisations. Il serait inutile d'écrire davantage la complexité des guerres. Les conséquences seront expliquées dans les prochains chapitres du présent ; car le renouveau se bâtira et se construira par le rachat et le pardon du présent qui n'est que la conséquence du passé.

Mais il faut savoir qu'à travers le monde et les hommes, toutes les guerres ou les prétextes pour les faire, ont été la bêtise et l'indifférence de l'homme au mépris-même de la vie. L'homme et sa faiblesse sont coupables dans le sens profond de la vérité. Étant lui-même l'un des participants à la conception d'une vie, il ne lui en revient pas le droit d'ôter la vie. Ôter la vie par la force n'est pas un acte de courage.

Les guerres ont toujours servi les pouvoirs, ou ceux qui en profitent. Jamais dans l'histoire de l'homme, une guerre n'aura été un bien pour les plus démunis. bien au contraire. La maîtrise du pouvoir dans ses actes a toujours été faite dans le sens de la manipulation, soit de l'homme, soit de la récompense obligatoirement fondée sur le sacrifice et l'abnégation. Le sacrifice et l'abnégation sont des faits d'armes. Ils ont été bien souvent héroïques.

Il faut savoir que malgré la négativité d'une guerre, car elle n'apporte que la souffrance et la mort, il y eut des hommes dignes de courage et de force, car dans toutes les guerres il y a des attaquants et des défenseurs. L'un et l'autre contribuant dans leur engagement à respecter la parole donnée ou le serment de servir. L'acte d'héroïsme n'est pas forcément le plus beau et le plus noble, mais il symbolise à travers la pensée de l'homme la force de son courage et de son endurance, il prouve également le besoin du sacrifice aussi bien de la vie que de la mort.

Les guerres n'ont pas toujours été la conquête de territoires, mais également la préservation de terres. Ces guerres sont parfois plus graves et plus meurtrières car elles entraînent des hommes de même civilisation à s'entre-tuer pour une cause qui est la même, mais dont seul le pouvoir diffère. Là aussi, il serait inutile d'expliquer davantage.

Chaque page de l'histoire de l'homme est remplie de faits de guerres, de combats gagnés ou perdus, de héros reconnus.

Chaque page de l'histoire est une suite de guerres qui s'enchaînent les unes derrière les autres laissant de plus en plus de déchirures, de cicatrices et de morts de plus en plus inutiles, pour la simple raison qu'aujourd'hui, par la vie de chaque jour, la planète Terre dans sa totalité est devenue un volcan prêt à l'explosion mais dont la cheminée suspendue dans le ciel attend comme un présage le moment fatidique pour libérer dans une force extraordinaire la lave brûlante qui déferlera sur la Terre comme une purification de ces cicatrices.

Il faut savoir que toutes les civilisations quelles qu'elles soient sur toute la planète ont vécu, subi des guerres, pansé des plaies, mais dont les blessures restent à jamais ouvertes sous la peau guérie car les guerres, les religions et les politiques ont laissé des traces telles que les pires souillures ne sont qu'un pâle miroir du reflet de la noirceur des événements. Le miroir est l'image offerte chaque jour à travers les siècles d'une pensée juste mais dont le côté face serait présenté à l'envers.

À savoir.

Les guerres, les religions, les politiques ont toujours présenté leurs obligations ou oppressions dans la meilleure figure représentant la noblesse de leurs actes mais à chaque fois, la figure a pris la place de la grimace traditionnelle du mensonge face à la victoire. C'est pourquoi, à travers les siècles d'histoires de guerres, les morts inutiles sont devenues le fardeau de l'histoire à travers les civilisations.

Le fardeau de l'histoire est la conséquence inévitable d'enchaînements et de déchaînements par le mélange ou le massacre, par l'implantation ou la substitution, par la soumission ou l'esclavage de toutes ethnies confondues. Les cicatrices sont une plaie ouverte de l'histoire dans l'histoire. Les morts inutiles et de souffrances seront la réhabilitation de l'homme, lorsque lui-même se fera le rachat et le pardon par sa propre figure présentée devant un miroir dont le reflet ne sera que la vision et l'espérance d'une abnégation et d'un renoncement à la violence par la violence.

Chapitre IV

Les politiques

INTRODUCTION

La connaissance universelle, dans la charge pour la reconstruction du futur qui sera le renouveau, apportera la réponse essentielle qui amènera l'être humain à la reconquête de sa dignité, de son courage et de sa bravoure.

Ces sentiments furent trop longtemps malmenés, bafoués, tout au long des siècles par des hommes dont l'enjeu essentiel fut le pouvoir pour le pouvoir, dans le pouvoir, avec le pouvoir...

Ces pouvoirs quels qu'ils soient, d'un passé ou du présent sont les mêmes :

...Ils font le bonheur des uns ou le désespoir des autres...

Rien n'a changé

Depuis des millénaires, ce cercle est infernal, la roue tourne, les têtes tombent, les étiquettes changent, mais chaque jour la misère, la faim, la mort, sont les cadeaux de la vie à l'humanité.

- La politique favorise ou décapite.

Pourquoi ne ferait-elle pas le bonheur de tous puisqu'elle assemble derrière elle le sens de la vie, les lois et le droit.

À suivre

***

La politique assemble autour d'elle l'arrivisme, le profit, l'argent, le luxe, le mensonge, l'intention et laisse derrière elle le maintien, le soutien, l'espoir, la liberté, l'engrenage et traîne avec elle l'inquiétude, l'incertitude, l'incohérence, l'incompétence, la colère, l'incompréhension...

Le symbole de la politique ressemble point par point à l'homme d'affaires, sûr de lui, dont la compassion se résume à regarder les volutes de fumée de son cigare.

À suivre...

* * *

Dans toutes les civilisations, depuis que le monde est connu, la politique a été le facteur le plus important, le plus déterminant pour la gestion d'un mode de vie, de sociétés, de civilisations. Sur tous les continents, à travers toutes les ethnies, de la plus petite civilisation à la plus grande, la politique a toujours su mener ou faire mener l'homme dans sa propre existence, à travers un système ou des systèmes, fonctionnant suivant l'intelligence du maître du moment, son alliance plus ou moins forte avec une religion, ou la complicité voire l'entente de civilisations entre civilisations.

Mais il faut savoir qu'à travers les époques, les siècles, la politique a toujours fait soit le bonheur d'un peuple, soit son malheur. L'histoire de la politique est riche en souvenirs, en écrits, en monuments, car la politique est la résultante de grandes œuvres ou de grandes époques. L'histoire de la politique n'est pas la plus négative car de tout temps, il y eut des intelligences sensibles ou insensibles.

Mais il faut savoir qu'à travers les siècles et les civilisations se succédant, la politique antérieure a été supérieure et plus intelligente par rapport à notre temps. À travers la disparition ou l'échec de grandes et petites civilisations, la politique a toujours été complémentaire ou solidaire avec la religion. L'union des deux était séparée tout en étant étroitement liée, car dans l'histoire de certaines civilisations liée étroitement à la religion, la politique a été supérieure dans le sens démocratique du mot. Comme dans l'histoire d'autres civilisations et alliances, la politique a été marquée par une dictature et une emprise totale de la présence humaine dans son élaboration et sa création, c'est-à-dire : la possession exclusive de la pensée, de la connaissance et de ses actes.

La politique.

La politique est un mot très important qui a la même signification et la même action suivant les époques et les lieux, mais appliqué différemment ou comprise différemment.

La politique dans le vrai sens du terme veut dire un engagement. Un engagement de l'intelligence pour une responsabilité et le respect de cette responsabilité. Un engagement doit être établi sur un code d'honneur car l'honneur doit toujours représenter la vérité et la force.

La vérité et la force sont unies par des liens invisibles d'une pensée à travers des actes et une force infaillible envers une tâche ou un devoir à accomplir.

La vérité et la force sont unies par le lien invisible de la force morale et indestructible, face à toute forme de corruption ou de versatilité.

La vérité et la force peuvent permettre à une intelligence d'accomplir des prouesses extraordinaires si cette alliance est appliquée dans le code d'honneur.

Mais il est à savoir que, dans l'histoire de l'humanité, le code d'honneur qui est la politique, a toujours été accompli ou appliqué non pas pour le bien et dans le sens du bien de l'humanité, mais toujours par rapport à la mise en place d'un maître du moment ou d'un guerrier. La politique est une stratégie mise en place par l'homme pour assurer ou assumer sa charge et son pouvoir.

<u>Mais il est à savoir.</u>

À l'époque des civilisations antérieures et très élevées, la politique a agi étroitement avec la religion. La politique et la religion étant indivisibles d'avec la forme de l'état ou du royaume, cette forme de politique n'était pas la plus négative car elle appliquait en soi une forme de démocratie dans la forme de vie et de son application. La vie sociale et ses bienfaits étaient partagés. Le peuple dans sa généralité ne souffrait pas d'une trop grande différence entre des statuts particuliers ou les garants de la société. La vie sociale liée étroitement à la religion était un rempart entre l'excès de l'un ou l'abus de l'autre. La politique très ancienne et liée à la religion, a favorisé très fortement le mode de vie, qui devint avec le temps une forme de culture et de tradition. Le passé, à travers la politique et la religion, a laissé des traces indélébiles sur toutes formes de cultures et de traditions, plus ou moins fortes mais omniprésentes car chaque morceau de la planète est imprégné de la présence humaine si peu soit-elle, de sa culture, de la tradition, de la religion et de la politique.

La politique aussi bien dans le passé que de nos jours, a été le centre nerveux et le point culminant du pouvoir. La politique fut un jeu, une force, un engagement. Le jeu de la politique est à comprendre dans le sens du défi, défi envers sa propre civilisation ou à un niveau différent car le défi peut être également une politique pour soi-même, mais aussi entre continents ou d'autres civilisations. La politique du passé et celle du présent ont toujours marqué l'histoire et ses œuvres. La politique a engagé ou amené des complicités passagères pour l'accomplissement d'actes ou de guerres, pour le besoin ou les pouvoirs de maîtres du moment.

Il ne faut jamais oublier, que de tout temps, la politique, dont l'enjeu était la survie même de ceux qui la pratiquaient, était un combat, une arme, une raison. La politique fondée sur un principe de lois, aurait dû et aurait pu, si elle s'était faite sur le code d'honneur, apporter le bonheur et l'équilibre de toutes civilisations.

Car il ne faut jamais oublier que l'existence sous toutes formes et sur toutes civilisations, s'est basée et construite sur une pratique de politique, aussi brève soit-elle, aussi différente soit-elle ; que toute politique s'est instaurée et installée soit par la douceur, donc l'entente, soit par la force donc la soumission, mais inévitablement toute civilisation doit vivre et exister à travers une forme d'engagement qui devient une loi. La pratique dans l'engagement est la même que la religion. La politique est fondée sur un principe de lois qui régit et fonctionne sur un mode de vie ou crée une société. Son application bien souvent, a débordé par des abus ou des excès au-delà même de son engagement car la politique entraîne avec elle une quantité d'individus ayant plus ou moins un statut élevé ; ce qui amène obligatoirement une différence et une aisance particulière par rapport à d'autres personnes.

Dans toute l'histoire de l'humanité, les civilisations ont toujours eu à souffrir de la politique à travers les abus et les excès, par rapport aux individus et leurs statuts. Par la force des choses un statut donne un pouvoir, un pouvoir donne un droit et un droit devient un abus.

Il ne faut jamais oublier que dans toute forme de politique et à travers l'histoire, l'abus par la politique et la force a été le premier élément de la décadence et la déchéance d'une civilisation. Un abus à travers une politique est forcément une atteinte physique, psychique, morale, matérielle au détriment de personnes. Les abus sont connus ou inconnus mais il n'en demeure pas moins que les civilisations actuelles subissent ou vivent des abus au quotidien ; que la politique en elle-même est marquée au fer rouge de la honte et du déshonneur car la politique à travers les temps, n'est jamais qu'une continuité d'un pouvoir pour un pouvoir. L'acquisition d'un pouvoir ou la prise d'un pouvoir ne change en rien le mot politique. De civilisation en civilisation, le schéma est le même. Il ne saurait expliquer davantage la politique d'un passé, celle-ci étant étroitement liée aux guerres et aux religions.

L'homme ne devra jamais oublier qu'à travers sa propre existence, sa propre politique, sa propre religion, il est le seul coupable de sa propre déchéance car toutes civilisations quelles qu'elles soient, se sont anéanties les unes après les autres par rapport à leurs politiques et leurs religions, mais jamais il ne serait venu à la pensée de l'homme de reconstruire une société ou de pratiquer une forme de politique, si cette reconstruction n'amenait pas une nouvelle décadence, un nouvel échec.

À travers les siècles et les époques, la politique est toujours partie du principe que le créateur ou le successeur de la politique donc la responsabilité, détient par cela même le pouvoir, le pouvoir donnant la force. La politique à travers le pouvoir et la force a donné d'emblée l'impression ou la nécessité d'une seule intelligence avec la responsabilité car la prise d'un pouvoir amène l'homme à croire qu'il doit obligatoirement et forcément être plus fort, plus intelligent,. que par cela, il devait donc apporter à lui seul la qualité de vie et trouver toutes les solutions car une politique de pouvoir ne se partage pas, elle devient en soi unique. Un partage de pouvoir affaiblit une force et divise par cela le principe même de la solution ou de la qualité de vie à donner.

Mais il faut aller plus loin ; car la pensée de l'homme par rapport au pouvoir a toujours dépassé la limite de la bienséance. La prise d'un pouvoir donne automatiquement le droit à une qualité de vie supérieure à toute personne s'attachant ou appartenant au pouvoir.

Il faut savoir que les abus et les excès, sont le fruit et la conséquence d'un niveau supérieur de vie et de quantité, mais non pas d'un niveau d'intelligence supérieure. La politique dans son ensemble a été l'élément facteur d'une vie corporelle et matérielle différente suivant les civilisations ou les liens entre la politique et la religion. La politique amène une série de lois et de jugements qui font de la société une civilisation épanouie ou renfermée. Les lois rigides ou laxistes sont négatives car elles entraînent dans leurs sillages des abus et des excès dont les conséquences ont été le fer rouge de l'humanité.

La politique a apporté dans toute son histoire une souffrance identique à la religion. La souffrance sur les faibles, les vaincus ou les destitués a été la force même de toute politique. Depuis les temps passés jusqu'à présent, l'histoire est écrite soit par les hommes, soit par les monuments, soit par les souvenirs, mais depuis toujours, la politique s'est faite à travers une prise de pouvoir, une fonction de pouvoir, une destitution de pouvoir, les unes et les autres s'enchaînant tout au long des siècles.

Mais l'enchaînement et l'entraînement de la politique ont également incité des civilisations à se diviser. La division s'est faite à travers la politique mais également à travers la religion. Des faits d'armes, des prises de pouvoir ont été bien souvent le facteur déterminant de la religion dans sa division, donc sa pensée. Ces faits d'armes liés par la religion sont devenus par la force des choses une forme de politique et de pouvoir. À travers les civilisations antérieures et d'un passé proche de nous, la politique, la religion et la guerre ont été le fleuron ou la base de nouvelles cultures, de nouvelles traditions.

Il faut se souvenir qu'à travers les politiques et les guerres engagées dans divers continents, donc différentes civilisations, la connaissance au travers des matières et des pensées a permis l'échange et la mémoire. L'échange et la mémoire sont les facteurs principaux de nouvelles matières, de nouveaux fruits, qui font la composante de mets délicats. La politique et la religion n'ont pas toujours été négatives car la contribution apportée par l'une ou l'autre a permis le changement nécessaire à un mode de vie ou de société.

Ce changement a été parfois destructif mais bien souvent constructif. Dans le sens où une connaissance positive arrive à combattre ou à éliminer une puissance négative. Malheureusement, aujourd'hui, malgré le changement perpétuel de civilisations, de formes de politique ou de divisions dans la religion, le contexte de vie est différent mais le principe est le même. Le pouvoir sous toutes ses formes, abuse de plus en plus de sa mise en place, de sa force, et des bienfaits. La souffrance au quotidien n'est que la continuité d'une politique totale et aveugle, rattachée à son seul principe, d'un pouvoir exclusif et d'une autodétermination totale de la pensée dictée et asservie pour son bien mais jamais pour le bien.

L'homme ne devra jamais oublier qu'à travers son histoire, la politique, la religion, la guerre, la pratique de son existence sont le principe-même de sa faiblesse qui devient, suivant la forme d'expression, un égoïsme total. L'égoïsme de la politique et de la religion est la résultante de la souffrance dans l'infériorité ou la supériorité, de l'obligation ou de la soumission, d'une pensée excessive dans l'action, d'une connaissance faussement encouragée mais manipulée dans un sens unique.

Il ne faut jamais oublier que toute connaissance quelle qu'elle soit n'a servi jusqu'à présent qu'au bien-être et au bénéfice de la politique ou de la religion existante. Rarement le bien-fondé d'une connaissance a été donné au profit du bien. La donation du bien s'est toujours faite après le partage du bénéfice. Le partage du bénéfice est une conséquence de la connaissance, si cette connaissance apporte de nouveaux fruits pour les mets délicats. Le meilleur morceau sera pour le pouvoir, le reste sera donné ou jeté en pâture aux personnes existantes.

Il ne faudra jamais oublier qu'une connaissance quelle qu'elle soit n'a jamais été nuisible si cette connaissance amène un bien, mais la connaissance est devenue parfois nuisible par rapport aux profits, aux excès et aux abus de la politique.

Dans les civilisations antérieures, la politique s'appropriait directement la connaissance mais le profit était différent de celui de notre époque, la connaissance appartenant d'emblée aux civilisations ; c'est pourquoi, les civilisations antérieures ont toujours gardé, encouragé et fructifié la connaissance en multipliant par le nombre croissant de nouvelles connaissances, le sens même de leurs élévations.

Il faut savoir qu'une connaissance partagée équitablement honore et encourage d'autres connaissances à évoluer. L'intelligence d'anciennes civilisations plus élevées n'a, en aucune façon, la même forme d'intelligence qu'à l'heure actuelle pour la simple raison qu'une technologie nouvelle diffère totalement d'une forme particulière de matériel connu et utilisé aux époques très anciennes.

L'intelligence ancienne a été supérieure dans le sens où l'évolution et l'élévation se sont toujours faites dans le sens de la progression plutôt que de la régression, même si ces civilisations intelligentes se sont déchues d'elles-mêmes.

Il ne faut jamais oublier qu'une intelligence élevée ne peut en aucun cas empêcher ou éviter la déchéance d'une civilisation si cette intelligence, même élevée, se retourne contre elle-même par son abus, à travers une ingérence de politique et de religion car une intelligence élevée appartenant à une société sous l'emprise de la politique ou de la religion ne peut qu'à travers le temps subir invariablement la décomposition-même de la déchéance politicienne sous une forme de pression ou d'accaparation.

Il faut savoir que l'intelligence suprême par la connaissance universelle établira et écrira une forme d'engagement particulier dans une équitabilité parfaite de l'intelligence sensible afin que cette intelligence par la connaissance puisse servir et travailler sur un code d'honneur forgé et présenté par la loi universelle. La loi universelle ne pourra en aucun cas demander ou faire accepter un engagement quel qu'il soit sans la connaissance d'une loi. Les lois seront justes, équilibrées, nobles, mais comprises et à respecter car la loi universelle en accord avec l'intelligence suprême ouvrira la porte de la connaissance qui sera la vérité. La vérité construira un renouveau qui sera le cadeau à l'humanité.

La vérité sera la porte ouverte à l'élévation de l'être afin que celui-ci puisse découvrir et ouvrir les yeux et la pensée dans le rayonnement extraordinaire de la lumière. La lumière sera le reflet de la pureté sur toute chose, dont l'éclat brillera jusque sur la pierre la plus petite ou sur une fleur même blanche.

La lumière sera la nouvelle société qui forgera par son éclat l'apothéose de la connaissance car la porte ouverte à la lumière sera la libération et la sauvegarde de la matière dans la matière par la richesse et la beauté de la nature.

La nature, l'univers, la lumière sont reliés par un fil invisible de la Terre à l'univers, de la spiritualité à la conception et la création de toutes choses.

CONCLUSION

INTRODUCTION

Que faut-il dire à l'humanité en ces jours présents !!?...

Que faut-il inventer pour panser les maux de la Terre !!?...

Que faut-il changer pour qu'un monde puisse se dire heureux !!?...

Que faut-il faire pour que ce mot « heureux » soit la bénédiction de l'humanité tout entière.

Faut-il inventer de nouveaux « Dieux » de « nouvelles religions » pour bénir la souffrance ou honorer la joie ???

Faut-il inventer de nouvelles règles pour que l'équilibre trouve sa place dans ce monde en ébullition ??

Faut-il accepter inexorablement comme une fatalité la guerre, la faim, l'argent, la souffrance, la politique, l'exécution, le pouvoir, la torture, la richesse, la pauvreté, le luxe, la misère, les tueries, le viol, etc., etc.

Pourquoi ces mots contradictoires ?

Pourquoi l'humanité doit-elle subir depuis des millénaires l'indignité constante ?

Qu'a fait l'humanité pour que son chemin de vie soit l'emblème de la souffrance !!…

Que mérite l'humanité en ces jours du présent ???

À suivre…

***

Ce cimetière sans nom reflète à lui seul l'hécatombe humaine, l'ignominie du temps et du sang sur le sol terrestre à travers les âges et les guerres.
Ce symbole hautement indigne rejaillira le temps de la révolte lorsque l'homme accomplira le "Livre de l'histoire"...

À suivre...

* * *

L'humanité, la religion, la guerre, la politique, ont formé depuis les temps passés et à travers les civilisations, un tout indissociable dans la création ou la survie de toute chose. Les conséquences en seront terribles. L'intelligence suprême qui se libérera fera que le volcan en ébullition sous un bouillon de cultures multiples, que des politiques ravageuses, destructives et que des religions mensongères exploseront, imploseront, par la force d'une volonté naissante et désespérée de civilisations déchues et décadentes dans une société de profit, d'abus de pouvoir, de crimes et de sang.

À savoir :

Le passé et le présent ne sont qu'un jusqu'à ce jour.

Mais il faut savoir qu'une intelligence suprême libérée fera qu'un temps passé et présent n'existera plus non pas d'un présent par rapport au passé à travers les siècles, mais par l'effacement et la disparition de la mémoire de ce que fut le présent.

La conclusion du passé pour le présent sera très simple à expliquer. Tout d'abord il suffit de lire à travers les siècles l'histoire et la religion, la politique et les civilisations pour comprendre que, malgré la force, l'intelligence ou le pouvoir, chaque époque et chaque lieu n'ont apporté et n'ont montré que des champs de bataille à perte de vue. La nature dans sa sensibilité est martyre. La nature est le premier élément et la première intelligence à avoir souffert dans sa matière visible ou invisible de la souffrance, de la spiritualité. La nature a souffert des débordements jusqu'à saturation de tous les excès et les abus qui ont entraîné au fil des siècles une perte de plus en plus sensible de son rayonnement, de sa force, de son mystère. Mais l'intelligence suprême par la connaissance absolue du passé, du présent au futur et par la préparation pour le renouveau et dans sa passivité, a fait en sorte que la nature par elle-même, puisse servir à dessein la convoitise et la gourmandise de l'homme. La nature est l'élément principal qui enrichit et embaume les mets délicats, aussi bien dans sa composition que par la quantité d'arômes qui en fait sa beauté.

La beauté des mets délicats a été volontairement entretenue par l'intelligence suprême pour l'homme malgré son désir ardent de reprendre ce qu'elle voulait bien donner.

Il faut savoir que la lumière qui sera le renouveau dans une nouvelle structure de pensée et de spiritualité, ne pourra se faire et se comprendre que par l'éclatement dans sa destruction pour la reconstruction de l'intelligence suprême. L'éclatement dans sa destruction ne sera que la conséquence de la bêtise et de la pensée de l'homme, axée uniquement sur l'avidité d'avaler et d'ingurgiter encore et encore tous les ingrédients qui composent le mets délicat.

Les civilisations antérieures, qu'elles fussent de politique, de religion ou les deux à la fois, ont su s'adapter et préparer des mets délicats, sans jamais abuser de l'origine des ingrédients. La nature dans sa richesse et sa quantité de bienfaits peut permettre à toute civilisation existante ou naissante, dans tous continents et lieux, de pouvoir vivre de la substance des ingrédients pour présenter un mets délicat même s'il peut être différent par rapport au lieu.

Mais l'intelligence suprême dans sa générosité, sa force et dans la connaissance, a toujours fait en sorte qu'un plat riche et composé d'un continent peut être échangé ou remplacé par des arômes et ingrédients différents mais aussi importants. Dans les civilisations antérieures, la qualité et la quantité d'ingrédients étaient respectés, honorés, dans le sens où un surplus n'existait pas ou peu, étaient appréciés, mais dont le profit en revenait bien souvent pour le bien mais jamais détruit au détriment de quelqu'un ou pour le plaisir d'un autre.

L'équilibre des biens de la richesse de la nature était bien souvent parfait et en harmonie avec les civilisations et leurs cultures. L'exploitation et l'entretien, la récolte ou le travail étaient une nécessité et un besoin, des excédents étant bien souvent calculés pour le lendemain mais n'étant jamais détruits pour le plaisir. La recherche des richesses de la nature à travers la matière visible et des composantes a été un facteur très important dans notre passé. La diversité de ses bienfaits, travaillée et malaxée, soupesée ou transformée, a permis à des intelligences sensibles de découvrir et d'apprécier de nouvelles variétés d'ingrédients et de multiplier l'arôme et l'abondance de mets délicats.

Les civilisations de notre passé savaient parfaitement utiliser et apprécier à sa juste valeur la force et la diversité des richesses de la nature.

Il faut savoir que la richesse du passé, à travers ses mets délicats et ses diversités, a permis à des spiritualités sensibles d'explorer dans leur propre spiritualité une nouvelle forme de richesse afin que le mets délicat devienne également une source de fraîcheur et de chaleur. La source de fraîcheur et de chaleur est la résultante d'une spiritualité sensible et de la richesse d'une matière unies dans une complémentarité ardente et pure, pour donner à chacun la possibilité de trouver les remèdes qui firent de notre passé la richesse-même de la science. La richesse antérieure de la science était en harmonie avec la richesse spirituelle et sensible de la nature et de ses ingrédients.

Dans les civilisations antérieures, la chaîne de solidarité qui unissait les spiritualités sensibles à travers ses obligations et ses maux a été une force formidable pour transmettre au fil des temps la source de fraîcheur et de chaleur, et préserver à travers cela les provenances de ces ingrédients ou arômes. La préservation-même des ingrédients a été un facteur principal et important pour la protection et le respect de la nature. La nature dans son mystère et sa force, et malgré parfois ses blessures, a toujours permis à la spiritualité sensible en alliance avec l'intelligence suprême, de s'enrichir, de s'élever, de progresser dans bien des domaines, surtout si l'élévation et la progression étaient pour le bien.

Mais il est à savoir qu'au fil des temps et des siècles, une connaissance et un savoir acquis par les secrets et le mystère de la nature, même s'ils devenaient un mets délicat, ont toujours incité à la convoitise d'autres spiritualités surtout si ces spiritualités étaient de religion ou de politique car un bien ne saurait être longtemps la possession de la spiritualité sensible si une autre spiritualité intelligente même n'en ayant pas besoin ne puisse en profiter. Le profit et la possession de la résultante d'une connaissance et d'un savoir ne se sont jamais faits en douceur.

Il faut savoir qu'à travers la religion ou la politique, un bienfait particulier émanant d'un mystère devenait obligatoirement un ennemi. L'ennemi, même invisible, devait mourir ou disparaître. Si cela n'amenait pas la mort ou la disparition, la religion ou la politique s'en appropriait tout simplement la qualité et le bénéfice.

Il faut savoir qu'à travers les civilisations antérieures et dans notre passé le plus proche, les bienfaits de la nature, malgré les abus et les excès de toutes sortes, ont été protégés, préservés, entretenus. L'héritage du fruit qui composait le mets délicat a été offert sur un plateau pour les civilisations du présent car l'histoire doit retenir ceci : malgré de mauvaises politiques, dans leur gestion ou par la pratique de la religion, et malgré les guerres et la souffrance, l'amour de la nature, et ses bienfaits, a toujours été le plus fort. L'entretien et la recherche, la continuité des œuvres, le travail dans la connaissance, se sont transmis bon gré mal gré à travers toutes les éclaboussures de l'humanité et de ses sociétés. La science et la culture, la pensée et sa force, ont toujours été un lien invisible et solide entre les fruits et les ingrédients qui étaient le principe-même de la première sécurité et le premier secours d'une spiritualité sensible quelle qu'elle soit. La nature et ses richesses ont apporté bien souvent les premiers secours, les premiers soins. La nature et ses mystères ont été bien souvent les premières forteresses, les premières protections. Ces richesses sont restées intactes à travers les continents, les pays, aussi bien la mer, la rivière, un lac, d'une forêt, une montagne, un rocher, d'une pierre au plus petit arbre, d'un coin de ciel bleu à l'ombre d'une maison, d'un parfum de fleur au chant d'un oiseau, d'un insecte rampant à une abeille piquante. Il serait trop long d'expliquer la richesse de la nature, l'existence et son souvenir faisant partie intégrante de toutes les Écritures.

Pour conclure ce chapitre qui relate le passé à travers l'humanité.

Il faut savoir : L'humanité du présent est l'héritage du passé. Malgré sa connaissance dans l'écriture et la mémoire, l'humanité à travers ses sociétés, ses dictatures, ses guerres, ses religions, ses politiques, n'a en aucun cas tiré la leçon de sa propre histoire. En la détaillant dans tous les sens du terme, la spiritualité sensible pourra comprendre que la vraie décadence commence en ce jour du présent. La vraie décadence par rapport à son élévation, à sa science, à sa technologie, à ses moyens, à sa matière, au niveau de vie matériel et social, à ses moyens de transport et de communication, à son histoire dans la documentation de lecture et documentation visuelle.

CHAPITRE 5

La société occidentale

INTRODUCTION

La société occidentale, pour son devenir dans un parcours difficile et d'un futur certain, aura la charge et le devoir d'entreprendre la tâche universelle qui lui permettra d'accéder au summum de la dignité empreinte d'honneur sous « l'œil rigide du combattant ».

« Le combattant à l'œil rigide » sera le miroir et son reflet transmis dans la mémoire du temps et par « le livre de l'histoire ».

« Le livre de l'histoire » = l'écriture de l'homme = l'empreinte de l'homme = l'acte de l'homme depuis toujours.

<u>Ce qui veut dire</u>

Pour accéder à la dignité empreinte d'honneur, la société occidentale devra parcourir à reculons son propre « Livre de l'histoire ».

Le parcours sera rude, escarpé, piquant, brûlant, acide, effrayant.

- La connaissance universelle et l'intelligence suprême ne sauraient en ce jour accorder le pardon dans un requiem sans le rachat pur et simple de l'histoire dans l'histoire.

Pour cela

L'intelligence suprême aura la charge et le devoir d'ouvrir le chemin du futur afin que se ferme à jamais « Le livre de l'histoire ».

- Pour cela

« Le livre de l'histoire » dans la destruction pour la reconstruction, dans les travaux de la vie, emmènera la société occidentale à la découverte et à la reconquête de l'humanité, de l'univers, de la nature et de la conception dès que celle-ci aura accompli son parcours à reculons.

- Pour cela

Le Soleil sera brûlant, la terre aride, le vent violent, la nature déchaînée, l'homme désespéré.

CECI SERA LA DERNIÈRE PAGE DU LIVRE DE L'HISTOIRE AFIN QUE S'OUVRE LA PREMIÈRE PAGE DU FUTUR POUR LA RECONSTRUCTION DE LA SOCIÉTÉ OCCIDENTALE.

À suivre…

***

La société occidentale dans sa désintégration, unie dans une complicité apparente de démocratie, s'effritera et sombrera dans les oubliettes du temps lorsque la renaissance et la naissance de la vraie démocratie verront le jour à l'heure du commencement de la fin.

Le symbole de la démocratie est en berne...

Soyons patients et courageux.

* * *

La société occidentale de notre époque s'est faite au fil des siècles de multiples façons. La société occidentale regroupe plusieurs pays, plusieurs nations, dont la langue diffère, mais dont la généralité est identique. La société occidentale fréquente en principe les mêmes religions, vit le même principe d'union par le mariage et est régie par une constitution présidentielle voire monarchique.

Mais la couleur de la peau est la même, dans le sens où une peau claire diffère totalement d'une peau noire, cuivrée ou jaune. La société occidentale, se définit par une peau blanche. La loi universelle a instauré sur la Terre, et cela dans le mystère, plusieurs ethnies, plusieurs couleurs, chaque couleur ayant sa propre spécificité, sa propre particularité. Cela est irréfutable. Par les abus et les excès, ce qui aurait pu être le meilleur dans notre société occidentale est devenu le plus mauvais. Et cela à travers des siècles d'histoires, de continuité dans les erreurs accumulées au fil des hommes et des politiques.

La société occidentale mériterait que l'on approfondisse les droits, c'est-à-dire l'infériorité et la supériorité d'un individu par rapport à un autre individu. L'infériorité se situe bien souvent à travers les lois créées par l'homme envers la femme. Dans toute loi et quel que soit le régime, la femme est toujours en état d'infériorité par rapport à l'homme.

Il faut savoir que l'infériorité de la femme par rapport à l'homme n'appartient qu'à la loi de l'homme ; que cette infériorité existant depuis des siècles, s'est transmise automatiquement dans les mœurs et à travers toutes les lois qui régissent la société.

La société occidentale a forgé au fil des temps, des liens solides entre la famille et l'armée, par un principe de lois qui entraîne et enchaîne la sécurité et la protection des biens et à travers cela une patrie, tout un mode de vie et un contexte irréfutable de soutien et d'entente envers les uns et les autres lorsque le danger frappe à la porte.

La société occidentale aurait pu rester honnête si, au fil des temps et à travers son histoire, la politique n'avait pris tous les droits : envoyer l'armée contre les familles lorsque celles-ci sont unies dans le même combat, et si le combat était le seul danger pouvant renverser ou changer la forme de politique du moment.

Malheureusement dans l'histoire de la société occidentale, ces faits sont aussi nombreux que désastreux. Au fil des siècles, dans la société occidentale et quelle que soit la nation, l'armée a été un des facteurs les plus déterminants pour la vie ou la survie d'une société. L'armée et la nation, la politique et l'armée ne faisant qu'un.. La société occidentale, à travers sa politique et son armée a bien souvent franchi ses frontières pour aller explorer ou traverser d'autres nations ou continents.

Il faut savoir qu'à travers son passé et quelle que soit la nation, la société occidentale s'est retrouvée perdante et affaiblie, même si un combat mené et gagné dans d'autres territoires a agrandi sa propre force et élargi son champ d'action. Dans un système politique quel qu'il soit, obligatoirement il faut une loi et des règles d'obéissance, à seule fin d'assurer ou d'assumer le devoir et la protection envers tout bien, toute personne et toute chose, y compris la sécurité même des personnes appartenant ou travaillant dans une forme de politique.

Que la politique soit bonne ou mauvaise la protection est un dû, mais uniquement à seule fin de protéger l'assurance et la survie d'une nation. La police et sa loi sont un lien indivisible de la sécurité et du bien-être. Malheureusement, dans toute chose, il y eut des abus et des excès, des injustices et une justice de mauvaise application.

Il faut savoir.

Dans le passé et quelle que soit la société d'un pays occidental, la justice était inflexible mais cruelle dans son application. La société occidentale s'est toujours dégradée par rapport à sa cruauté. L'intelligence de l'homme a toujours été supérieure pour l'application et la recherche de la souffrance, mais jamais dans son histoire, une intelligence d'application et de recherche ne s'est faite dans le bien. Il n'appartient qu'à de rares exceptions, mais dans un autre domaine, de donner la palme d'or pour la recherche du bien, mais dans de différentes situations et actions. La société occidentale, et quelle que soit la nation, pour assouvir son instinct de cruauté dans l'application d'un châtiment ou d'une peine, la recherche d'hommes s'est toujours faite dans le sens où la facilité de la tâche peut se faire en tout bien tout honneur et la satisfaction de l'instinct accompli.

Il faut savoir que la société occidentale, dans sa tâche à accomplir un châtiment, ne peut se défavoriser par rapport à d'autres sociétés, la cruauté étant la même, mais avec une différence d'application.

À la différence de la rigidité et de la cruauté du passé, sont nées des lois de forme laxiste, ainsi que des injustices énormes par rapport à des fautes commises.

L'exploitation de la matière et la forte personnalité des intelligences ont incité et permis la création et la rénovation d'un système et d'un mode de vie dont la facilité et la grandeur n'ont d'égal au progrès actuel. Malheureusement, la société occidentale est devenue mauvaise, car d'une découverte de matière à la progression d'un travail, la facilité d'un labeur est devenue une forme d'esclavage asservissant. L'intelligence de la société occidentale a été très évoluée par rapport à sa propre connaissance.

La connaissance universelle et la connaissance de la matière sont unies par un lien invisible et indivisible de la spiritualité intelligente à l'intelligence suprême. L'intelligence suprême a libéré dans une quantité voulue et calculée la connaissance à travers la spiritualité intelligente afin que la matière à découvrir puisse servir de rempart et de force pour franchir le pas vers la connaissance absolue.

La porte ouverte au mystère liée à la connaissance et à l'intelligence suprême sera le boulet qui enverra au-delà des frontières et de la limite intelligente, la spiritualité vers une dimension encore totalement inconnue d'elle-même. Cette dimension encore inconnue de la spiritualité intelligente n'apparaît pour l'intelligence suprême qu'un tout petit pas à franchir dans le temps. Le pas à franchir dans le temps est ce qui fera la différence entre la société occidentale et une future société d'élévation dont la qualité sera supérieure même à l'entendement de l'intelligence de spiritualité sensible.

La société occidentale dans sa culture et ses traditions est l'une des meilleure, malheureusement le contexte actuel de la forme de politique appliquée à travers les frontières se limitant aux pays occidentaux a détruit le sens même et la beauté de la culture et de ses traditions, même si, en apparence, le sens et sa forme sont restés les mêmes, les traditions se perpétuant sensiblement au fil des temps à travers la pensée et la famille, mais se dissolvant au fur et à mesure de la complexité et de la transformation de la société occidentale.

La culture et la tradition, par rapport à la société occidentale, sont le reflet-même de la connaissance. Une culture et une tradition enrichissent et entretiennent par la mémoire et au fil des temps, la richesse même dans sa beauté de la forme de société. Une culture et une tradition perpétuent à travers des chants, des danses, des groupes ou des courants de pensée, la forme de spiritualité sensible dans son application.

Une culture et une tradition élèvent les sentiments car elles appellent à l'unification ou le rassemblement. Une culture et une tradition ne peuvent être en soi un isolement ou la réalisation d'une seule intelligence. La beauté ou la forme en devient une nécessité voire une obligation, dans le sens où l'enrichissement vient du principe-même de sa propre connaissance et de son existence, à travers d'autres intelligences sensibles mêmes différentes.

La société occidentale, du passé au futur, a toujours su profiter ou exercer sa connaissance et son talent pour la progression et l'élévation, quel que soit le pays ou la nation, sous une forme différente mais pratiquement dans le même sens, la connaissance a franchi des frontières. L'échange et la mémoire à travers la politique, la culture ou la tradition, ont permis, et cela malgré la différence de langue, de prospérer et de se multiplier car une connaissance se rattache obligatoirement à une maîtrise de la matière. La maîtrise de la matière enrichit et perpétue sa force et son travail dans tous travaux. Les travaux peuvent êtres scientifiques, de laboratoires, de recherches, de musique, de technologie, d'informations, de communications visuelles, matérielles, etc., tout ce qui peut enrichir et améliorer une société.

Le travail dans la société occidentale a toujours tenu une place très importante dans la vie.

Il faut savoir que la société occidentale est devenue plus mauvaise, par la désintégration sûre et lente de ses sociétés ainsi que par l'esclavage asservissant les populations actives et non actives. Le travail dans la société occidentale est un facteur important car il permet l'équilibre d'une nation comme il peut apporter le déséquilibre voire l'éclatement jusqu'à la confrontation de cette même nation.

Les sociétés occidentales, dans leurs intelligences et leurs progrès, aussi bien scientifiques que technologiques, n'ont pas su maîtriser la quantité et la qualité de leurs travaux. La raison en est simple : la qualité du travail s'est peu à peu transformée en quantité. Une quantité prévalant sur la qualité diminue en soi un bienfait quel qu'il soit car d'un bienfait de labeur, il devient une servitude de survie.

Les sociétés occidentales, du passé au présent, ont toujours su apporter dans le sens de la vie une forme d'économie pour devenir une prospérité d'avenir mais la prospérité d'avenir, comme la forme d'économie, sont devenues au fil des temps un fardeau plus qu'un soulagement.

Il faut savoir qu'à travers les siècles, dans toutes les sociétés, l'économie a été le facteur le plus important et le plus efficace pour rendre une nation ou un peuple fort, tout en faisant en sorte qu'elle devienne ou qu'il devienne faible et dépendant. La faiblesse et la dépendance d'une économie se sont transformées au fil des temps et dans toute société, en esclavage moderne tempéré et temporisé, soit par les politiques ou les religions d'un moment, soit par les guerres ou les révolutions d'un temps.

Quoi qu'il en soit, la création, sous toutes formes d'économies, transformée suivant les besoins, les frontières, les nations, en commerce extérieur ou intérieur, a été un principe de base pour la force et la sécurité, mais s'est effritée au fil des temps en une éponge gélatineuse, gluante, où se collent et s'agrippent par tous moyens, des économistes, des dépendants et des peuples, qui sont devenus par cela-même des esclaves de leur économie dans un engrenage de dictature politique.

La dictature politique et économique est un moyen efficace pour réduire à néant ou porter aux nues des intelligences. La dictature politique et économique est le moyen le plus sûr pour abattre ou faire abattre une société, un peuple ou un individu, soit dans sa faiblesse, soit dans sa force. D'une manière ou d'une autre, l'économie par son utilisation devient une forme de chantage au quotidien. Les sociétés occidentales en sont fortement imprégnées s'étant elles-mêmes agglutinées comme des abeilles à ce système. La politique et l'économie sont parfois et souvent l'enjeu ou la préparation d'une guerre.

Il faut savoir que les sociétés occidentales se sont construites bien souvent par rapport à des guerres, à des combats gagnés ou perdus, mais il faut retenir que, malgré la richesse et l'abondance dans toutes matières, la connaissance et l'exploitation, les sociétés occidentales n'ont jamais su mettre un frein à leur convoitise sur le bien précieux des autres car une économie peut se faire en double sens, la vraie économie du passé étant la progression, la recherche et le bien-être.

Malheureusement, comme dans toutes les sociétés occidentales, le besoin et la qualité se sont transformés au fil des temps, en une surabondance et un profit. L'économie dans ce sens n'a pas évolué car une vraie économie aurait dû et devrait apporter l'équilibre et le bien-être de chacun.

Mais il faut savoir qu'au fil des temps et des besoins, transformée en surabondance et en profit, l'économie a fonctionné dans un seul sens, un seul but : apporter la richesse et la quantité à quelques individus pendant que, dans le même temps, le besoin et la qualité ont diminué progressivement jusqu'à se transformer en denrées rares même épuisées. L'économie et la politique vont dans le même sens et le même courant lorsque le profit en revient aux mêmes personnes.

Les sociétés occidentales dans un souci parfois trop expressif ou explosif ont agrandi leurs champs de manœuvres dans d'autres frontières, d'autres cultures, d'autres races. La qualité et la quantité des besoins apportés ou extraits de ces autres frontières, ont toujours été au départ de bon augure et de bonnes intentions.

Mais il faut savoir qu'une économie et une politique transposées par conséquent dans d'autres sociétés sont devenues au fil des temps une occupation et une accaparation allant parfois jusqu'à la destruction de ces sociétés. Néanmoins, la transposition de la connaissance, à travers l'économie et la politique dans d'autres frontières, n'a pas toujours été négative même si cela allait jusqu'à la disparition soit de matières, soit de mémoires.

Il faut accepter bon gré mal gré qu'à travers des peuples, des tribus ou des sociétés, la faiblesse et la lâcheté de certaines n'ont pas à recevoir des autres sociétés le regret.

Il faut accepter que certaines sociétés dans leur cruauté ne méritent en aucun cas le privilège d'existence ou de continuité, si l'économie et la politique apportant la richesse donc le pouvoir, amènent ces cruautés à l'être encore plus sinon insoutenable.

Les sociétés occidentales n'ont rien à envier aux autres par rapport à ses guerres et ses conséquences.

Les guerres de tout temps et de toute époque, qu'elles fussent politiques ou économiques, de trahison ou quelle que soit la raison, ont parcouru un long chemin, battu de nombreux sentiers. ***La mémoire et la sensibilité sont imprégnées du sang des victimes ou des coupables.*** Les guerres perdues ou gagnées, de défense ou d'attaque, n'ont jamais apporté que ruines, souffrances, désolations. ***Qu'importe pour ceux qui gouvernent, dirigent ou font la guerre!*** Tant que l'individu n'est pas atteint dans sa propre chair, une guerre est une guerre, c'est-à-dire une de plus. Pourtant, les sociétés occidentales auraient dû à travers leur histoire, les faits d'armes et la science, œuvrer dans le sens de la paix.

Il faut simplement retenir ceci.

Les sociétés occidentales à travers les siècles et leur histoire ont toujours progressé malgré la différence de langues, de cultures, de traditions. Les sociétés occidentales ont apporté de nouvelles connaissances à travers la science, les métaux, le bien-être. La technologie a évolué et progressé très rapidement. Mais où l'homme a donné le plus de sa personne, c'est la connaissance pour l'utilisation et l'emploi de l'arme afin d'améliorer la guerre. Améliorer une guerre veut dire rendre son armée plus puissante, bien armée. La rendre plus puissante donc plus forte, c'est préparer une guerre, à faire une guerre, afin que celle-ci soit plus meurtrière, plus efficace.

Il faut accepter bon gré mal gré que l'intelligence de l'homme a toujours été plus forte, plus évoluée dans tout sujet ou toute matière qui peuvent donner ou apporter une solution ou une rapidité dans toute entreprise guerrière ou autres mais surtout radicale.

Que ce soit pour la guerre ou sa préparation, inévitablement la souffrance a sa place. L'intelligence de l'homme pour l'exploration et l'application de sa connaissance pour la souffrance a toujours été supérieure par rapport à la recherche pour le bien. Il en est de même pour la science. Les sociétés occidentales ont fortement progressé, évolué à travers la science, mais il ne faut pas oublier qu'à travers les siècles passés, dans des civilisations antérieures, la science a toujours connu et trouvé une place importante dans toute société. La différence tient tout simplement à un mode de vie, de nourriture et de qualité. Les maladies du passé, les maux du passé sont différents. L'utilisation de la médecine et la préparation sont totalement différentes, mais dans le passé antérieur, la science a bien souvent servi l'homme et le bien, soit pour le soulagement d'une maladie, soit pour l'harmonie d'un corps. La science a également servi pour l'utilisation de personnes bien intentionnées ou voulant faire du mal à autrui. Mais jamais une science du passé n'est devenue une arme de guerre.

Il faut accepter bon gré mal gré le mal du siècle, ses abus et ses excès. La science d'aujourd'hui est au service de tous. Dans les civilisations antérieures la science pouvait servir à éliminer une personne voire plusieurs personnes.

Aujourd'hui, la science peut tuer des millions d'hommes aussi vite que le réflexe d'une pensée ou la force d'un éclair. La science de notre époque est à triple sens. Dans son évolution et son élévation, la science est devenue une propagande, une guérison, une arme, et le tout dans une exploitation sans fin. La science est devenue une propagande dans la prolifération à travers les sociétés occidentales et les frontières pour la disparition même d'une conception de la vie avant même sa délivrance. La science est devenue une guérison. Sa recherche et sa technologie vont au-delà même des maladies, de la guérison, mais allant également jusqu'à son anticipation au-delà des découvertes et des recherches.

La science est devenue une arme à double tranchant car la recherche de la matière à travers la matière et la découverte de ses forces ont amené des hommes à se servir de la fusion ou de la connaissance pour fabriquer des armes. La science armée peut tuer en quantité industrielle comme elle permet de se tuer en toute impunité et sans remords de conscience individuellement.

La maîtrise et la manipulation scientifique ou chimique d'un mélange de matière devenant une drogue et l'utilisation continue de cette drogue devenant tout simplement une arme de mort.

Les sociétés occidentales pratiquent à travers les siècles la religion. Les religions sont identiques mais multiples car elles adorent un ou plusieurs personnages. Dans les temps passés, les religions des sociétés occidentales ont marqué au fer rouge la mémoire. La cruauté et la mort, la souffrance et l'extermination ont été l'enjeu-même de ces adorations. L'histoire de l'homme ne pourra jamais effacer ses crimes car les sociétés occidentales à travers leurs politiques, leurs économies, leurs guerres, leurs religions, ont accompli des horreurs ; la signification de ce mot est à l'ampleur de l'adoration ou de l'accomplissement.

L'adoration d'un ou de plusieurs personnages a autorisé, sans remords de conscience, des hommes à tuer, à massacrer, à faire souffrir d'autres hommes pour la simple raison que l'adoration était différente, même si le principe ou la pensée allait vers le ou les personnages.

Les abus et les excès de la pratique dans le passé pour une dominance de religion par rapport à la politique d'un moment, par rapport à des guerres et aux hommes, le rayonnement et la ferveur se sont transformés peu à peu en un éclat lumineux, entretenu soigneusement et sagement selon les sociétés occidentales et les politiques, par une lumière factice, dont le reflet ne dépasse pas la limite d'un œil à l'extrémité du pied de la personne. L'éclat, même si grand ou si petit soit-il, déteint dans un remous de couleurs vives dont la dominante est le rouge de la couleur du sang, donc de la vie.

Il faut savoir que, bon gré mal gré, les religions dans les sociétés occidentales ont été un rempart et une force formidable dans la chaîne de solidarité qui unissait, suivant les époques, les individus, dont la souffrance perpétuelle d'une infériorité et d'une vie d'asservissement ou d'obligation, pour les religions, les politiques ou les guerres, servaient le bon plaisir ou l'enjeu des forces du moment. Cette chaîne de solidarité unie par des liens se rapprochant et se solidifiant par rapport aux religions, permettait aux hommes et aux femmes dans une force invisible, de combattre par-delà même leur propre conscience, la forme de vie imposée de gré ou de force par les forces du moment.

Car il faut savoir.

Dans des époques très lointaines, la vie de chaque jour même dans la progression, était un perpétuel combat pour la vie ou la survie. La loi du plus fort étant toujours de préférence appliquée d'une manière ou d'une autre. Quoi que puisse faire la mémoire, en remontant l'histoire, les sociétés occidentales ont toujours avancé au détriment du bien-être des personnes ; car la politique, qu'elle soit individuelle ou en accord avec la religion, de dictature ou dans la guerre, a toujours été une dominance et un support pour imposer ou obliger la soumission, même si cette soumission apportait la paix ; car la civilisation d'obligation et d'adoration a toujours eu pour principe de diminuer en soi l'intelligence sensible, celle-ci étant de toute manière un ennemi potentiel ; car un homme de religion, de politique ou de guerre se situe obligatoirement au-dessus des autres. Il est normal que toute intelligence supérieure ou responsable puisse avoir un statut différent ou un droit différent, malheureusement ou suivant quelques rares exceptions, l'abus de cette différence a toujours été la loi première.

C'est pourquoi la chaîne de solidarité a toujours existé au fil des temps. Sans le savoir et sans le comprendre, les hommes ont bénéficié à travers l'intelligence suprême, d'une aide et d'un soutien, afin que les hommes par eux-mêmes ne puissent sombrer dans leur folie toujours grandissante, au fur et à mesure de la connaissance, des richesses et des frontières extensibles. Les frontières sont un lien invisible qui relie un morceau de terre à une extrémité déterminée et calculée par l'homme à travers l'héritage de son histoire. Les sociétés occidentales se régissent et s'établissent suivant une frontière changeante ou fixe. Mais toutes les sociétés occidentales se réfèrent obligatoirement à leurs frontières. L'indépendance et la force d'une nation tiennent tout simplement de l'inflexibilité de ses frontières. La frontière comme la chaîne de solidarité est le rempart qui protège par-delà la frontière, l'indépendance ou l'asservissement d'une nation.

Les sociétés occidentales, à travers leurs indépendances, ont toujours apporté une extrême rigueur pour leurs frontières. Les religions, les politiques, les guerres, ont toujours franchi les frontières. La connaissance, la mémoire, l'échange, les matières, les hommes ont toujours franchi les frontières ; mais pourtant, ces frontières existent bel et bien dans le sens ou l'ethnie donc l'indépendance se situe exactement aux limites fixées de la frontière.

Les sociétés occidentales, à travers leur passé et l'histoire, ont toujours su préserver leurs frontières, même si les guerres étaient omniprésentes. Les religions ont affaibli des forces d'un moment, les guerres ont diminué un potentiel d'ouvrages ou de travaux, les politiques ont inverti des pensées, des courants et malheureusement au fil des temps et de leur histoire, les sociétés occidentales se sont effondrées plus ou moins ouvertement au travers même, de leurs frontières, de leur religion, de leur politique.

Le passé des sociétés occidentales est riche. Le présent est malade et appauvri. Les frontières du présent sont devenues des passoires où le sens même de leurs valeurs n'a plus d'écho ou si peu. Les frontières sont devenues des leurres. L'indépendance est devenue une utopie. La religion un sursaut. La politique un engrenage. L'armée une sécurité de survie. La culture, la tradition, un chant et un souvenir écorché. La société occidentale par elle-même un paquet de confettis où chaque richesse qui en composait son histoire, a été soigneusement et consciencieusement découpée, décortiquée au rasoir et aux ciseaux pour n'en faire qu'une pochette surprise et un « bébête-show ».

CHAPITRE 6

Les pays du Tiers-monde

INTRODUCTION

La connaissance universelle et l'intelligence suprême en alliance avec la spiritualité sensible, active, positive, dans la destruction pour la reconstruction auront la charge et le devoir d'entreprendre les grands travaux du savoir afin de rendre à l'homme le compte-rendu de la **vie** dans la **conception** et pour la **création** de toute chose.

- La grandeur de l'homme ne saurait être reconnue dans l'ignominie de tous actes envers la **création** et la **conception.**

- Le temps et la connaissance seront la seule chance et la seule obligation pour le devenir de ces civilisations afin de restituer à l'être ses lettres de noblesse.

-… La destruction sera inévitable, incontournable, irréversible jusqu'à la reconstruction afin que l'intelligence négative, destructive ne puisse plus jamais trouver la place qu'elle occupe depuis des temps infinis jusqu'à ce jour…

- Le futur et le renouveau ne pourront jamais introduire dans la beauté et la vertu des sentiments, des civilisations qui atrophient dans la chair de la chair tout **être** quel qu'il soit.

***

Le futur aura la charge d'introduire dans les civilisations qui pratiquent l'asservissement, l'assouvissement, l'esclavage de tous les sentiments sur les êtres considérés comme inférieurs ou inexistants, un rayon si brûlant, que le fil de fer barbelé qui maîtrise par ce symbole la liberté de l'être, deviendra une décharge si forte que ces civilisations, par la douleur, se transformeront le temps d'un instant en une masse confondue...

Laissons au temps son accomplissement.

À suivre...

* * *

La première des lois, et en application depuis des siècles, a toujours été l'emprise et le pouvoir sur la femme. La femme n'étant obligatoirement qu'un objet ou une chose qui ne peut servir qu'aux besoins de l'homme sans jamais tenir compte de sa propre sensibilité. La femme à travers les civilisations de couleur et principalement des pays du tiers-monde, a toujours servi de rempart et de prétexte pour assouvir à travers la bestialité de l'homme son propre instinct et sa propre puissance dans le pouvoir et pour le pouvoir, afin que ne soit coupable pour toute erreur, lâcheté ou trahison la femme en elle-même. Même si la vraie faute ou la vraie culpabilité ne vient que de l'homme.

Les pays du Tiers-Monde à travers leurs lois parfois ancestrales ont obligé par la force des choses, dans la soumission et la cruauté, les femmes à devenir et à rester l'esclave corvéable et palpable pour toute chose et en toute chose. Esclave de la propre cruauté de l'homme et corvéable pour ses instincts. Dans la grande majorité des civilisations tribales ou du tiers-monde, les hommes ont toujours soigneusement entretenu leur pouvoir sur la femme pour de multiples raisons. De tout temps et de toute époque, les hommes de couleur ont toujours favorisé et encouragé l'esclavage sous toutes formes. Esclavage de l'homme, de la femme ou de tribus entières.

Cette forme d'esclavage a entraîné et enchaîné par sa propre déchéance l'homme à déchoir obligatoirement la femme, afin que sa déchéance ne puisse exister à ses yeux. Une civilisation déchue à travers son pouvoir, toujours représentée par les hommes, ne peut accepter cette humiliation sans en rendre la faute et la culpabilité à autrui. Dans toute époque, toutes ethnies du Tiers-Monde confondues, l'homme s'est toujours retourné et s'est toujours approprié le droit d'encombrer la charge et la culpabilité dans l'humiliation et la servitude sur la femme, afin que lui-même puisse s'assouvir et s'accomplir dans l'humiliation et l'esclavage d'autrui. Cette coutume remonte à des temps très éloignés de notre époque, mais elle est toujours omniprésente dans tous les pays du Tiers-Monde, même si certaines formes d'esclavage ont sensiblement diminué ou changé.

Il n'en reste pas moins que la femme sous tout rapport,

et quelle que soit la forme, n'est, et ne sera qu'une esclave corvéable en tout lieu et tout moment. Les civilisations sont multiples, les cultures, les traditions différentes, mais pourtant identiques, car les lois sont fondées sur un pouvoir particulier où la loi du plus fort domine et où la religion et la sorcellerie font partie intégrante du jeu ou de la force.

La religion et la sorcellerie sont étroitement liées dans les civilisations des pays du Tiers-Monde car elles prédominent sur toute chose, toute action et le mode de vie. La religion de préférence, s'est toujours installée sur des civilisations plus évoluées, plus nombreuses. Mais cela n'a en rien transformé le comportement de l'homme envers la femme et la cruauté qui existe en toute impunité à la naissance même de chaque homme. La sorcellerie est plus omniprésente dans les tribus ou peuplades ; l'une ou l'autre est l'apanage exclusif de l'homme qui n'est qu'une loi de plus pour mieux assurer un pouvoir, une domination, un esclavage. La sorcellerie, la religion, le pouvoir, dans les civilisations des pays du Tiers-Monde n'ont jamais permis, et cela dans toute l'histoire, l'élévation de l'homme et de la femme, l'amélioration du mode de vie, ou de principe- même du courage qui aurait dû tout simplement remplacer la cruauté et la lâcheté.

De toute époque et de tout lieu, les civilisations, tribus et peuplades ont toujours vécu le plus près de la nature. Dans le passé des civilisations des pays du Tiers-Monde, la terre, la culture, l'élevage ou la matière, parvenait plus ou moins bien à nourrir et entretenir les sociétés, la servitude et le travail étant bien souvent l'œuvre de la femme ou des esclaves. Dans de rares exceptions, l'homme par lui-même a eu du courage pour enrichir sa culture ou entretenir ses biens.

Mais il faut savoir qu'avant tout, bon gré mal gré, les civilisations des pays du Tiers-Monde se sont bien souvent considérées comme des guerriers ; donc dans l'impossibilité du courage, donc le travail. Cela aurait, suivant leurs mœurs et coutumes, humilié et déchu l'homme vis-à-vis de la femme.

Car il ne faut jamais oublier que toute loi, toute action, toute entreprise, toute guerre, tout pouvoir, se sont toujours construits, bâtis, ont été entretenus dans un seul sens, une seule raison : que l'homme même dans sa cruauté soit toujours supérieur à la femme.

La supériorité et l'écrasante humiliation de l'homme envers la femme se sont toujours faites au fil des siècles mais de façons différentes, suivant les civilisations, les mœurs, les coutumes. Dans certaines civilisations, depuis toujours, l'homme a ni plus ni moins interdit à la femme le sens-même de son existence. La non-existence de la femme a toujours été appliquée soit au nom de la religion, soit au nom de lois ancestrales, soit au droit tout court de l'homme. L'application de la non-existence s'est faite de différentes façons, suivant les lieux, les pensées, les religions ou le pouvoir, mais il n'en demeure pas moins qu'aujourd'hui encore la femme est en état d'infériorité absolue même si un semblant de liberté lui a été accordé.

La non-existence s'est faite d'une part par sa naissance-même. En effet, bien souvent la fillette, avant de devenir femme, était déjà violée, soumise et vendue avant même que sa sensibilité puisse se développer ou être comprise d'elle-même. Si la fillette n'était pas vendue en tant que telle, elle le devenait par la force des choses en tant que femme. Lorsque la femme était vendue, son existence était éteinte même si de rares exceptions ont permis à des femmes d'êtres heureuses tout en étant esclaves.

La femme dans l'esclavage et la soumission, suivant des civilisations, s'est vu l'interdiction même de voir, de sentir ou de découvrir la lumière et sa chaleur. L'abus et l'excès de l'homme dans sa lâcheté et sa cruauté ont interdit tout simplement à la femme d'exister dans la chaleur du soleil, la beauté de la nature, le plaisir de la vie.

Au nom d'une religion, pour une soi-disant pureté de la femme et de sa dignité, l'habit porté et dans l'obligation, ne fut qu'un leurre et un camouflage monstres, pour assurer en tout lieu, sous toutes formes, le pouvoir suprême de l'homme, afin que seule puisse exister sa propre jouissance. L'interdiction de vie de la femme dans sa non-existence est le désir ardent et primaire de la jouissance dans la bestialité de l'homme dans sa chair.

La loi de protection pour la femme n'est qu'un paravent, un prétexte et une soumission afin que l'homme seul puisse profiter en tout bien tout honneur de toutes joies de l'existence, mais surtout au détriment seul de la femme.

La non-existence de la femme se fait également d'une façon différente mais le principe étant toujours le même : affaiblir, diminuer, asservir la femme afin que toute corvéabilité, même dans la cruauté, ne soit que l'application d'une loi, donc de la religion et au nom du pouvoir suprême de l'homme envers la femme.

Il n'est nul besoin d'épiloguer sur une forme de cruauté. Des ouvrages en ayant expliqué la forme et le sens. Même des procès de notre époque.

Mais il est à savoir que la cruauté de l'homme est devenue l'obligation pour la femme d'exercer cette cruauté afin que seule sa responsabilité soit en cause et non celle de l'homme. La cruauté exercée par la femme sur sa propre personne est ni plus ni moins la destruction et la disparition d'une partie de son anatomie qui représentait dans la conception et l'élaboration de ses formes, l'existence-même de la femme dans sa sensibilité et sa vie.

Cette cruauté particulière, mais existant dans le passé comme au présent, est l'un des actes les plus cruels, les plus lâches qui représentent la bestialité de l'homme dans le vrai sens du terme, l'homme se gardant bien de détruire ou de faire disparaître la partie de son anatomie prouvant son existence dans l'élaboration de ses formes et de sa vie.

Les civilisations du Tiers-Monde auraient dû évoluer, s'enrichir et progresser si la forme de religion, de pouvoir et de tradition n'avait la main mise sur toute chose mais surtout dans l'exploitation de l'homme.

Il ne faut pas oublier que tout continent, toute richesse peut apporter et donner à l'homme la possibilité de composer un mets délicat afin d'entretenir dignement sa vie ou la responsabilité d'autres vies.

Chaque continent est riche. La richesse est très souvent différente, mais une matière peut apporter ou donner d'autres ingrédients, donc enrichir et fructifier les plats afin de multiplier les mets délicats. Chaque continent diffère dans ses températures, ses éléments, sa nature mais la richesse est aussi omniprésente dans l'un ou dans l'autre, seule la matière et la façon de la travailler ou de l'extraire diffèrent.

Dans les temps passés, les hommes étaient plus courageux, mieux adaptés aux circonstances de la nature ou au contact d'autres civilisations. Les intérêts étant différents même si l'esclavage et son rapport étaient une des richesses, donc de l'exploitation de bien des travaux.

Mais au fil des temps et de changement de sociétés, la politique, qui a complété la religion, le pouvoir et le droit, s'est implantée et infiltrée au travers des civilisations, tribus, peuplades. Cette politique s'est découverte, a proliféré par l'intervention plus ou moins forte de sociétés différentes et d'ethnies différentes. La politique et l'économie ont fortifié ou anéanti des civilisations, des tribus ou des peuplades. L'histoire du présent ne pourra changer le cours des événements passés. Malgré la disparition ou l'anéan-tissement de civilisations, malgré la destruction ou l'extinction de tribus ou de peuplades, l'humanité ne peut regretter ces disparitions ou extinctions, d'une manière ou d'une autre, le futur ne pouvant se construire ou se référer à ce genre de civilisations, de mœurs, ou de mode de vie.

Les mœurs du passé et du présent des civilisations du Tiers-Monde ne peuvent même pas être prises en compte, pour la simple raison que le futur ne pourra se bâtir que par l'élévation de l'être dans un engagement et une spiritualité sensible et active. Les mœurs et coutumes des civilisations du Tiers-Monde ne seront même pas un exemple pour le futur, même à travers la richesse et la beauté d'œuvres.

Il faut savoir que, malgré la lâcheté d'un être envers un autre, les civilisations ont accompli des œuvres magnifiques, bâti des monuments et de très belles architectures. Néanmoins, quelle que soit la richesse de ces pays, le futur ne pourra en tenir compte, l'infamie dépassant par-dessus tout la beauté de la tâche. Les mœurs et traditions des pays du Tiers-Monde ont laissé des traces indélébiles sur la vie de chaque jour. Malgré l'occupation d'une forme différente ou d'une ethnie différente, la nature-même de leurs sentiments a repris le dessus. La cruauté, momentanément abolie ou cachée, diminuée ou défavorisée, soit par la connaissance et l'invasion de civilisations supérieures, soit par une richesse ou une accumulation de richesse d'un mot, le départ, le changement ou la différence de politique, n'ont pas empêché la nature de reprendre ses droits.

Il faut savoir que les civilisations des pays du Tiers-Monde se sont volontairement laissées aller à leurs propres instincts et déchéances morales, dès que la nature a repris ses droits. La reprise par la nature de ses droits, est simplement la reprise du pouvoir des hommes sur autrui à travers un délaissement, un abandon ou une misère nouvelle. L'abandon de civilisations extérieures, le délaissement pour ses richesses, la misère trouvée au bout d'un chemin sans fin. La reprise du pouvoir des hommes s'est amplifiée dans l'horreur au quotidien. Non seulement ivre de sa force et de la servitude imposée aux femmes, l'homme dans sa lâcheté et son égoïsme, continue, et cela dans le droit le plus absolu, d'apporter une forme de vie dans sa conception même si cette vie est vouée à la mort.

Actuellement, les pays du Tiers-Monde souffrent du désordre le plus complet. Ce désordre a commencé depuis un certain temps à travers la prise de pouvoir par des hommes et la gestion de leur mode de vie à travers la vie de tous les jours, sans jamais oublier que la cruauté et la servitude sont toujours le lot et la saveur de la femme. Le désordre et l'abus dans les travaux, la recherche, le travail et les difficultés rencontrées soit par la nature, la famine ou la guerre, n'ont rien changé en soi aux mœurs ou à la mentalité des hommes.

Actuellement des hommes s'enrichissent par une prise de pouvoir. La richesse de ces hommes de pouvoir est odieuse. Dans le sens où, entretenant soigneusement et à leur façon la libre expression de la religion et de la sorcellerie, les hommes de pouvoir, avec la complicité outrageante et hypocrite d'autres civilisations, s'accaparent de toutes les richesses, aussi bien de matières que d'économies, pendant que dans le même temps, les civilisations ou tribus se détériorent dans une misère honteuse et où l'exploitation s'amplifie et se multiplie par la servitude-même de l'homme envers lui-même ; servitude au-delà même de sa propre lâcheté, n'oubliant jamais de procréer et de procréer par quantités ignobles, sur une forme de féminité totalement épuisée par les privations, la servitude et la faim. ***Il n'est nul besoin d'expliquer davantage, la communication visuelle nous montrant régulièrement dans une hypocrisie parfaite, l'holocauste humain au quotidien.*** Cette vision d'holocauste nous est servie à chaque fois sur un plateau d'argent, sans jamais oublier de nous rendre coupables de notre propre richesse.

Mais il faut accepter qu'une déchéance de civilisation n'est que le fait de la lâcheté et de l'égoïsme de ces civilisations décadentes et déchues.

Tant que des pouvoirs mis en place et s'enrichissant des bienfaits de la nature, tant que des hommes auront l'outrage de procréer, tant que la religion aura ses droits sur les mœurs et coutumes, tant que la lâcheté et la cruauté seront la première des lois, tant que la femme sera esclave et corvéable pour toute chose, tant que l'homme ne se battra pas pour son élévation, tout ce que peuvent apporter les civilisations, tout ce que peut nous montrer la communication visuelle, tout ce que peut faire la science, tout ce que peut entreprendre toute forme humanitaire, de biens ou d'actions, rien ni personne ne pourra changer le cours de l'histoire.

À savoir.

L'intelligence suprême dans sa beauté parfaite et dans la préparation pour le futur et la grandeur de l'homme n'accordera jamais un pardon ou un rachat à des civilisations, des tribus et des peuplades qui n'accepteront de vivre et de profiter que par l'esclavage, la servitude, la cruauté, la lâcheté. Les pays du Tiers-Monde ne pourront jamais être la représentativité dans le futur d'une grandeur de civilisation.

Mais il faut savoir, que les continents représentant les pays du Tiers-Monde auront une chance de survie.

À savoir.

La beauté de la nature, sa richesse et ses matières, seront les seules raisons du pardon et du rachat pour une humanité esclavagiste lorsque celle-ci aura le courage de se prendre en main pour l'élévation de l'être.

À travers d'autres civilisations de couleur, la servitude et l'esclavage ont eu une forme différente et une application différente. Il n'est nul besoin d'expliquer davantage, ces pays n'étant connu que par le seuil de leur propre misère. Le pardon et le rachat leur seront accordés afin que ces civilisations de couleurs différentes des pays du Tiers-Monde puissent travailler la terre et la nature et s'enrichir à travers la connaissance universelle et la spiritualité sensible.

Il est à reconnaître que, dans toute civilisation, de toute couleur, la religion, l'économie, la politique, l'esclavage ont toujours été la dominance et ont toujours prévalu sur le mode de vie. Dans ce domaine, tout sera à refaire car dans le futur, par la connaissance, l'intelligence suprême interdira à tout jamais l'esclavage et la servitude, l'infériorité et la supériorité, la déchéance ou la cruauté.

CHAPITRE 7

L'économie mondiale

INTRODUCTION

L'intelligence est innée.
Plus ou moins élevée mais acquise.
La richesse ou la pauvreté sont la résultante d'une vie, d'un passé, d'un héritage, d'une circonstance, etc., etc.

L'économie est une création qui aurait dû rendre les choses justes ou équilibrées.

- L'intelligence peut-elle rester noble et belle si tout s'achète ou se vend au mépris de tout ???

L'économie du passé, du présent, n'est qu'une accumulation et l'engrenage d'un système mis en place pour enrichir sur la force des uns ou pour appauvrir par la force des autres.

Que ce soit dans un sens ou dans l'autre, le résultat est le même.

- À l'apogée du 3e millénaire, nous nous retrouvons devant le fait accompli.

- Ceci -

- *Au passé du passé* - Les civilisations courbaient la tête devant les rois et leurs richesses

- *Au présent du présent* - Les civilisations ploient les genoux devant les affairistes et leurs richesses.

- Pour expliquer ceci -

La richesse du passé *La richesse du présent*	se sont toujours construites, bâties, entretenues sur la pauvreté des civilisations.

Simplement les noms ont changé, la manière a changé mais le résultat est le même : l'économie est faite pour enrichir les uns et appauvrir les autres.

- Heureusement le futur appartient au temps -

Comment ?

La destruction de la matière dans la matière et avec la matière pour la reconstruction de toute chose rendra inutile la richesse.

Ceci sera expliqué en temps voulu lorsque les frissons de la peur mordilleront les entrailles humaines.

Pardonnez cette expression mais elle se justifiera le moment venu.

À suivre…

***

Que d'écus mon Dieu,
quel beau fauteuil !
Ah ! si j'en avais un peu
se disent-ils... peut-être que
je pourrais donner à manger
à mes enfants ou bien à ceux
de mes voisins... nous
sommes si pauvres.
Que d'or !... que ça
brille !...
Ce symbole très pur est le
reflet même de l'économie
qui ressemble comme une
soeur jumelle à la politique
mondiale

à gauche... à droite...
au centre...!!!

À suivre...

* * *

L'économie mondiale du passé et celle du présent ne peuvent en aucun cas se comparer même si le principe en est le même. Simplement.

L'économie du passé à travers les continents, les civilisations, quelle que soit la nation ou un pays, avait un sens différent, une propriété différente, un rapport différent. L'économie était propriétaire ou devenait la propriété de personnes entreprenantes, courageuses ou élues, c'est-à-dire un personnage important remplissant une fonction acquise soit à la naissance, soit par le mariage, soit par la victoire d'un combat ou d'une guerre. L'économie était bien souvent un bien. Ce bien était exploité, multiplié afin que la richesse qui en découlait devienne avec le temps une fortune.

La fortune a d'abord été le vrai sens et la forme d'économie qui régissait des civilisations, des sociétés. La fortune permettait, suivant l'époque ou le lieu, de construire, de bâtir, d'exploiter des terres, d'entretenir des villages, des régions, des nations. La fortune dans le passé était une forme de création d'emplois, ou tout simplement d'entreprises car des hommes fortunés employaient de nombreuses personnes, soit pour les besoins de leurs tâches, soit pour l'entretien de leurs terres, soit pour l'exploitation de matières. Il serait inutile d'approfondir au-delà même de cette écriture l'explication de l'économie mondiale du passé, cette forme d'économie s'étant tout simplement transformée au fil des temps en fortunes réunies, des intérêts communs, des alliances de biens et de profits ou tout simplement la disparition simple de gens fortunés. La disparition des gens fortunés s'est faite de plusieurs façons, à travers des époques, des civilisations, des continents.

Il faut savoir que des fortunes, des patrimoines et des biens se sont créés après ou pendant une guerre, pour l'appropriation du bien d'autrui ou de différentes façons, ou tout simplement la perte pure et simple de fortunes par des circonstances de guerres ou de révolutions. Les guerres et révolutions étant aussi nombreuses que l'étaient les revers de fortune ; mais il faut tout de même retenir que dans un passé très lointain, même si une fortune s'amplifiait sur un mode d'esclavage, d'asservissement ou tout simplement de propriété, les hommes avaient une certaine forme de liberté et d'indépendance, l'assurance étant toujours de bon aloi, même si la fortune ou le travail changeait de propriétaire. Les individus de toutes sortes ou les personnes de biens sachant et désirant travailler, étaient sûrs de trouver au long des chemins et de leur vie, un travail, un logis, et la pitance au quotidien. La liberté n'était pas mesurée par rapport à tel ou tel droit, mais tout simplement une vraie liberté qui n'appartenait qu'au chemin parcouru au bout d'une vie, même s'il fallait changer bien souvent de ville ou de maître.

Car la liberté ne se monnaye pas comme un droit de licenciement.

Ce droit de licenciement n'existait pas mais la liberté de chercher un emploi, de créer un travail, d'exploiter une terre, était une forme de liberté et d'économie même s'il devait pour cela octroyer un dû ou la dîme pour un impôt ou un prélèvement, le tout revenant d'une manière ou d'une autre dans une ronde de richesse, de profit, mais d'assurance d'avoir toujours un travail. L'économie du passé ne peut être comparable à celle du présent, la forme d'économie s'étant transformée en spéculation, bourse, fortune personnelle, entreprise, exploitation, engagement. Le passé dans son économie n'a nul besoin d'être expliqué davantage.

Simplement, actuellement, l'économie mondiale est devenue une arme de toute première catégorie, non pas une arme pour apporter la liberté dans l'accomplissement d'un travail journalier, mais une servitude, une angoisse et un esclavagisme moderne pesant chaque jour un peu plus sur nos épaules jusqu'à la disparition, le suicide ou la mort d'un travailleur ayant perdu, dans une fausse liberté, le vrai sens de la liberté qui commence par la possibilité du travail et cela durant une vie. L'économie mondiale, à travers cette forme, qui est la première des armes, est un couperet sanguin sans cesse brandi au-dessus des têtes de chacun, mais la menace la plus forte et la plus régulière est l'arme brandie au-dessus des travailleurs.

L'économie mondiale est faite de profits, d'exploitations, de richesses soigneusement entretenues par des maîtres passés dans l'art de faire fructifier la richesse en soi. La fructification s'est faite soit par la création d'emplois en multipliant les entreprises, les usines, les bureaux, soit par des exploitations au-delà des frontières suivant l'époque ou la politique du moment ou du maître. Les intérêts au fil des années se sont peu à peu transformés en profits d'intérêts personnels ou de groupes. Il serait très difficile d'expliquer en quelques mots le système de l'économie mondiale. Ce système étant très complexe et particulier suivant les nations, les moyens, les politiques, les hommes du moment.

Mais il faut savoir.

Actuellement sur la planète tout entière, nous sommes arrivés à un stade critique où l'économie mondiale est devenue l'arme la plus sûre, la plus servile, la plus meurtrière. L'économie mondiale retient dans son système l'équilibre des nations ou leur déséquilibre. Il est très facile de manipuler des nations entières par leur économie.

Car il faut savoir qu'un système, mis en place à travers la planète, n'est qu'un rouage et un engrenage comme une bobine de fil que l'on déroule, que l'on enroule, que l'on casse, que l'on coupe, ou que l'on renoue ; tout cela pour permettre à des économistes qui appartiennent bien souvent à la politique, ou entretiennent la politique, de pouvoir tirer les ficelles qui retiennent la bobine de fil. La bobine de fil dans son rouage est un système politique mis en place dans tel ou tel pays. Les ficelles tirées par les plus forts, ou les plus intéressés, entravent ou libèrent la bobine de fil si le système de politique entre dans leur jeu ou favorise leur jeu.

D'une manière ou d'une autre, la politique de ficelles, aussi bien dans l'enjeu économique que politique, n'est ni plus ni moins une guerre ou une forme de guerre, une dictature ou une emprise dans l'ingérence même de ces politiques, pris dans l'engrenage et le rouage.

L'économie mondiale, à travers ce système, implique toute matière, toute force, toute existence, tout droit, toute création, toute entreprise, toute personne. L'économie mondiale, dans son système à travers les ficelles très bien manipulées, permet soit à des nations de s'élever, de se développer, même de s'agrandir, soit de s'enrichir, mais pour le bien de tous, comme elle permet tout simplement à des nations de mourir de faim, d'éclatement, d'extermination ou de disparition ; mais il ne faut jamais oublier que le système économique actuel ne permet pas à certaines nations de s'élever, même si ces nations possèdent des richesses et des matières très importantes.

L'économie mondiale dans son système a permis par des ficelles très bien manipulées, de devenir propriétaire ou actionnaire de la richesse d'autrui. Cette possession permet, et cela grâce à l'économie mondiale, de n'être qu'un bon roi ou un bourreau, mais il est très rare, surtout maintenant, de pouvoir dire merci à un roi.

Tout simplement.

L'économie mondiale n'est qu'un bourreau dans le sens où la servitude du travail, dans un processus d'accélération et d'exploitation, d'un rendement et de production, est devenue une punition voire une vie de galérien, dont le détenteur de l'économie n'est ni plus ni moins que le gardien et le résultat du labeur, l'économie devient par conséquent le bourreau en faisant tout simplement perdre un emploi ou des emplois à ceux-là mêmes qui les ont enrichis même pour quelques heures de travail. L'économie mondiale est à double sens. Elle permet bien souvent la création et l'entreprise de choses magnifiques car qui dit économie, dit rendement, quantité d'argent et profits.

L'économie mondiale sert d'enjeu ou est un atout pour la politique. Il est à reconnaître que grâce à une forme d'économie, la politique a su créer ou transformer la vie de tous les jours. Il n'est nul besoin aujourd'hui de faire un rappel de la technologie de pointe, de la circulation, du modernisme, des hôpitaux, des routes, des fortifications, bref, tout ce qui peut contribuer à l'amélioration de la vie quotidienne. Malheureusement, malgré toute la beauté des monuments, des bâtiments, de l'électronique, de voyages, de tout ce qui peut agrémenter ou faciliter le labeur ou la vie, le fond du problème n'a pas changé. simplement, au fil des politiciens et de l'économie, la vie et sa misère ne sont devenues qu'un camouflet.

Le camouflet est à double sens.

À travers les nations et les civilisations, des intelligences ont permis la recherche, la culture, la découverte, l'extraction ou l'exploitation de toutes les richesses de la nature, ce que la nature donnait gracieusement ou ce que l'homme transformait ou travaillait. L'économie de ces richesses a formé un tout, manipulé, structuré et orienté, toujours pour augmenter le profit et la quantité d'argent par la quantité du travail ou du bénéfice.

Toute l'économie mondiale s'est transfugée au-delà même de ses intérêts pour la simple raison que l'économie à double sens a fait en sorte d'appauvrir les populations ou les terres qui apportaient le plus de matières précieuses ou de richesses. Son transfuge s'est également fait dans le sens inverse mais de la même manière, par l'exploitation et dans un double sens ; l'une en créant et en construisant de nombreuses usines, pour améliorer le travail et ses conditions, pour faire de la main de l'homme une machine de rendement pour en profiter, se fructifier, devenir fort, pour pouvoir le moment venu, tout reprendre et se transposer dans une autre nation et recommencer le même jeu et la même chose jusqu'à épuisement ou la mort. L'épuisement, la mort ou la fin d'une exploitation ne sont jamais dans le sens de la matière mais de l'homme.

Tant que l'économie mondiale sera régie à travers ses bourses et spéculations, l'homme aura une valeur ; si son potentiel n'est plus de rapport, il est et sera tout simplement éliminé, et l'économie recherchera un autre homme pour recommencer son œuvre et son travail de profit et de rentabilité.

L'économie mondiale est égale à une économie de marché. Le principe en est le même, malgré une différence de système. Malgré les profits, la rentabilité, la surabondance de travaux accomplis, la surproduction de matières, rien n'a changé, rien n'a évolué. Dans le système du marché il y aura toujours une différence : celui qui gagnera beaucoup et celui qui deviendra plus miséreux. L'économie de marché est une dictature, une loi. L'économie de marché est également une plaie ouverte dont la blessure par la guérison ne se fera jamais dans le sens normal des choses.

L'économie mondiale ou l'économie de marché implique des stratégies, des mentalités, une conscience car l'économie est une intelligence préfabriquée par l'homme afin que cette économie puisse gérer par un système de noyau, la planète et ses composants. Les noyaux sont multiples mais finissent par se retrouver ou prendre le même chemin : la bourse, la spéculation, le profit, les biens, la quantité d'argent, le portefeuille. Mais plus les noyaux sont multiples, plus l'enjeu sera de taille, plus grande sera la misère entre les composantes éparpillées sur la planète. Il suffit de regarder les yeux grands ouverts sur une planète marchant à reculons. Il suffit de regarder au-delà des frontières ou dans nos frontières.

L'économie mondiale, ou l'économie de marché, aurait dû, par son système, enrichir et entretenir la planète, et combler le plus simplement du monde une simple personne dont le seul désir se résume parfois à vouloir manger un peu chaque jour en regardant un coin de ciel bleu.

L'économie mondiale et de marché aurait dû apporter l'équilibre et l'abondance dans toutes les matières si l'économie avait fonctionné dans le sens du bien.

L'économie mondiale et l'économie de marché vont de pair avec la technologie. Même s'il faut remonter à bien des années en arrière, l'économie et le progrès ont toujours fonctionné ensemble, l'un et l'autre s'aidant ou se servant mutuellement pour établir un compte ou équilibrer les dépenses ou les investissements. La technologie actuelle voire matérielle est au summum de la réussite, de la facilité du travail. Mais en étudiant de près le rendement et la capacité de travail produit, la distribution serait très facile à engager dans toutes les nations, mais pourtant tout est en déséquilibre. Chaque jour, même au niveau de la perfection, des personnes meurent de faim.

Il est à savoir qu'au terme du vingtième siècle, où l'homme, à travers sa science, est parvenu à poser les pieds sur une autre planète ou à voyager tout simplement autour de la Terre, il est également parvenu à faire de civilisations dites de progrès sur sa propre planète : des crève-la-faim, des chômeurs, des miséreux, des suicidaires et des affamés.

L'économie mondiale et l'économie de marché ne servent qu'à entretenir un cercle puissant mais restreint d'hommes, dont la fortune et la bienséance dépassent dans l'outrage et la honte la possibilité à ces personnes de dépenser, même dans l'excès, le trop-plein de leur bourse pendant que, dans le même temps, des générations entières d'hommes et de femmes meurent «tranquillement» face au soleil ou à l'ombre d'une pierre dans le dénuement le plus complet.

L'économie mondiale, l'économie de marché et son troupeau de morts vivants ne se limitent pas à une rentabilité de surproductions et d'excès, ou à l'entretien d'hommes politiques qui en font les rouages.

Non ! Il y a bien pire.

Il y a l'économie de la truanderie, du crime, de la drogue, de la prostitution sous toutes ses formes. Il n'est nul besoin de s'aventurer dans un domaine aussi dangereux, aussi perfide pour expliquer.

Simplement ceci.

Dans un monde d'égoïsme et de lâcheté, dans un monde de suprématie dictatoriale entre la richesse et la pauvreté, dans un monde de politique et de banditisme, dans un monde de laxisme, de rigidité, de lois et de profits, il n'y a même pas la distance d'un pied gauche à un pied droit dans une marche quotidienne pour comprendre que c'est un tout. L'économie mondiale et l'économie de marché, dans la surenchère et la surproduction abusive, excessive et inutile de toute chose pour la rentabilité et le profit, manipulées par des gens bien intentionnés dans un rouage et un engrenage politico-dictatorial d'influences, les gens bien intentionnés, par le truchement de la politique et du pouvoir, ont introduit ou servi de tremplin pour tous les trafiquants de la Terre. Il est inutile d'entrer dans les détails, mais, quel que soit le trafic pratiqué, il est un double jeu. Le trafic permet d'étouffer, de manipuler, d'influencer, d'acheter des politiciens, des chefs d'état, des civilisations, des pays, des biens, des richesses, des terres, des pensées, pour aller jusqu'à l'acceptation, et, les yeux fermés, à la déstabilisation de toute chose.

La déstabilisation est le déséquilibre des sentiments en passant par la dignité, la beauté, la vertu.

L'économie mondiale, à travers ses forfaitures, a permis tout simplement, dans son rouage, d'entraîner et de faire accepter, en tout bien tout honneur, la déchéance et la décadence sous toutes formes d'hommes et de femmes dont la seule vertu restante est de pouvoir vivre ou mourir avec la chaleur du soleil ; la chaleur du soleil étant le seul lien et la seule force qu'une économie ne peut ni acheter ni voler.

CHAPITRE 8

La politique mondiale

INTRODUCTION

Au nom de la loi…
La politique, droit fondamental et inaliénable avec la loi.

Comment

La politique, par le biais d'une intronisation, d'une élection, d'une substitution ou d'un acquis, a, jusqu'à ce jour, octroyé à la loi son droit, de gré ou de force, de bonne politique ou de mauvaise politique.

Au nom de la loi… la politique rend heureux ou malheureux.

À VOUS DE CHOISIR

Chacun aura la balle dans son camp et suivant le camp, pour ou contre…
La destruction pour la reconstruction remettra tout en ordre.

Ceci a déjà commencé…

La politique deviendra jusqu'à sa destruction un feuilleton romancé à l'eau de rose où tous les ingrédients du dictionnaire d'Untel passeront dans le collimateur…

- Puis le collimateur deviendra inefficace faute de beaux parleurs.

Ce jour-là, la politique politicienne aura perdu.

À suivre…

***

Les fils de fer barbelés symbolisent à eux seuls la maîtrise de la politique sur tous les continents, les civilisations, les sociétés...

Si tu es au-dessus du fil de fer barbelé, tu es libre et fort.

Si tu es entouré du fil de fer barbelé, tu es ligoté, asservi.

Ce symbole puissant reflète bien notre monde : que la liberté soit... mais, au fait ! de quel parti êtes-vous ?...

* * *

La politique est un mot particulier dont la signification prend sa valeur ou son identification par rapport à des époques, des lieux, des personnages, mais aussi des actions.

La politique mondiale du passé n'a aucun rapport, ni la même valeur que celle du présent. La vraie politique, dans le sens où ce mot veut dire responsabilité, engagement, honneur, courage, n'a été connue et appliquée qu'au passé. Dans le passé, la politique était une force. Cette force, suivant les intelligences, servait à protéger, à augmenter ou à aider. La politique du passé, pratiquée dans son sens le plus large, servait de protection pour toute barrière, toute frontière. L'indépendance d'une nation, d'un pays ou d'un lieu était la conséquence d'une politique agissant dans le sens de la garde, d'une sauvegarde de sa propre existence.

La politique était un engagement et une responsabilité même si elle devenait une politique de guerre. Mais jamais une politique n'agissait de façon à perdre ou à céder son territoire, son indépendance, sous quelque forme que ce soit. Dans le sens-même d'une guerre ou d'une bataille perdue, une politique agissait ou se battait toujours, soit pour reconquérir soit pour garder une forme de dignité, même dans l'adversité.

La politique mondiale était répartie différemment suivant la royauté, une colonisation ou des formes d'intelligence dictatoriale d'uniformes, ou religieuses.

Mais chaque politique appliquait, suivant le lieu, son intelligence, sa pratique et son mode de vie qui en résultaient, sans tenir compte de l'avis du voisin, du cousin lointain ou de l'inconnu habitant à l'autre bout de la planète. Et malgré cette forme de politique à sens unique donc indépendante, le commerce, les liens d'amitié ou commerciaux, la forme d'assistanat, gratuite ou de dû, n'appliquait ou n'impliquait que très rarement la forme de politique de chaque allié ou camp.

Simplement une politique, quelle qu'en soit la forme, rendait un pays ou une nation libre et intègre d'elle-même.

La politique mondiale du passé était plus aventureuse, plus conquérante, plus hardie dans le sens des intérêts ou de l'honneur d'un drapeau ; car la politique du passé engageait bien souvent la couleur du drapeau, donc son armée, pour son application ou sa présence. Car la politique était toujours une alliance et une activité très puissante entre les politiciens, les responsables, les diplomates, les représentants ainsi que les chefs de corps de toutes les armées. Dans le passé, la politique mondiale, l'armée, la nation, étaient bien souvent très unies, étroitement engagées dans le même destin, mais la notion d'honneur étant toujours la plus omniprésente dans l'acte politique par lui-même. À travers les continents, dans le passé, les chefs d'état ou de royaume ne se connaissaient pas, ou si peu, ou très mal ; ce qui n'empêchait nullement la découverte, l'aventure ou la connaissance, car l'engagement à travers la politique d'un pays à un autre était sommaire mais omniprésent par la pratique dans le sens où les voyageurs et les personnes se déplaçaient différemment, où les contacts entre simples individus ou personnalités se présentaient sous d'autres aspects, mais dont la force ou le poids influençait énormément la pensée politique dans le bien ou le mal.

La politique mondiale du passé a été une force du temps passé à travers la planète par ses actions, des entreprises, des aventures. Car chaque pays, par sa propre politique encourageait des hommes aventureux qui devenaient par la force des choses des héros de leur nation, après la découverte ou l'entente de nouvelles terres, de nouvelles conquêtes. Il serait inutile d'expliquer davantage le bien-fondé ou la malveillance dans toutes entreprises passées.

Simplement.

Que sous une forme guerrière, religieuse, politique, les politiques mondiales se sont croisées, décroisées, détournées, engagées les unes derrières les autres, les unes après les autres sans jamais gagner ni perdre.

Il faut savoir qu'à travers les continents, même les plus méconnus, la politique a toujours tenu le rôle le plus décisif pour la paix, pour la guerre, pour la recherche, pour la science, pour l'équilibre ou le déséquilibre, pour le bonheur ou le malheur.

Quoi qu'il en soit, à travers la planète, dans toutes terres connues, foulées par l'homme, la politique a laissé une trace indélébile pour toujours car aujourd'hui dans nos livres d'histoire, nous ne pouvons conclure que ceci : la politique du passé, intelligente ou entreprenante, de raison ou de force, a entraîné, enchaîné dans son sillage ou son histoire, des peuples, des connaissances, à ne plus s'ignorer, à ne plus exister quelle que soit la forme d'ignorance ou d'existence.

Car la politique mondiale du passé est imprégnée dans chaque sillage de son passage de souvenirs, de mémoriaux, de noms qui marquent chaque rue, chaque place, chaque maison.

La politique mondiale du passé a engagé des nations à se déplacer, à envahir, à s'accaparer de gré ou de force de la richesse des autres, ou tout simplement pour s'imposer bon gré mal gré à travers d'autres cultures, d'autres politiques, mêmes religieuses.

La politique mondiale du passé, par sa pratique et ses conquêtes à vouloir en avoir davantage, à vouloir toujours plus, à tout savoir ou faire croire, a imposé à travers les civilisations et les nations des guerres, des destructions, des soumissions, des ravages, des disparitions.

La politique est étroitement unie à l'armée.

La politique mondiale du passé, avec son armée ou ses tribuns, a bouleversé bien des nations, importé ou exporté bien des courants de pensée. Malgré cela, rien n'a changé. Simplement, aujourd'hui, la politique mondiale est la continuité du passé, dans le même sens, le même courant, la même force, mais d'une manière différente, car quoi que l'on puisse dire, quoi que l'on puisse faire, ou même tout simplement fermer les yeux, la politique du passé, la politique du présent, nous ont toujours apporté la guerre.

Les guerres sont innombrables, innommables, soit pour les raisons de ces guerres, soit pour les cruautés exercées dans les guerres.

La religion dans le passé, et malgré une présence politique, a toujours été le fer de lance de la cruauté. La religion est une politique qui entraîne dans son sillage plus de peur que de connaissance, l'espérance n'étant que l'espoir d'une fin et non d'un commencement. La politique de la religion en soi est vindicative, personnelle, égoïste et cruelle. L'espérance des personnes pour l'aboutissement d'une vie n'était pas l'espoir d'un moment mais la fin de leurs souffrances ; souffrances dans l'exercice même de la croyance ou tout simplement physique.

La politique mondiale du passé et la religion sont étroitement liées. L'une et l'autre de pensée différente mais d'action identique : s'imposer de gré ou de force… acquérir et garder un pouvoir soit par la force, soit par la douceur. La douceur ne veut pas dire dans l'amour, mais à travers des messages d'amour bibliques, religieux et d'espérance, afin de mieux manipuler par la sensibilité la pensée des hommes afin de les soumettre.

La politique de la religion à travers le monde est une des plus fortes, des plus puissantes car elle galvanise des foules entières jusqu'au fanatisme et la guerre.

La politique mondiale du passé, qu'elle soit de religion ou de pensée de courants, n'est qu'une forme d'esclavage et de soumission, de privation et d'exaction sur le corps, la spiritualité sensible, la vie, l'amour.

Quelle que soit l'histoire du passé à travers la politique, la religion, les guerres, les territoires, les hommes, le souvenir, nous sommes le présent. ***Le présent n'est que la continuité de ce qu'ont toujours fait les hommes, qu'ils soient de religion, d'uniforme ou de politique, c'est-à-dire : gouverner, imposer, dicter, tuer, détruire, saccager, massacrer.***

Il suffit d'observer la planète, de faire l'analyse de chaque pays, chaque région, chaque peuple, chaque continent, pour s'apercevoir que chaque jour est une oraison funèbre, soit pour un enfant martyr, soit pour une femme assassinée, soit pour les hommes envoyés à la boucherie.

Aujourd'hui, la politique mondiale appliquée à travers la planète par des politiciens, des religieux ou des militaires, est identique à celle du passé mais appliquée démocratiquement ou religieusement, la dictature militaire étant une forme de politique camouflée suivant les intérêts communs de pays voisins ou amis. La politique mondiale du présent est le plus grand camouflet que l'homme ait pu présenter et faire prévaloir à travers une soi-disant paix universelle et de compréhension totale.

Lorsque l'on étudie et observe jusqu'à la moelle épinière l'action de la politique mondiale du présent et son sens véritable, nous ne pouvons que constater avec effroi que la planète n'est qu'un volcan en ébullition, compressée par une cheminée très étroite dont le chapeau ne tient que par un fil invisible prêt à céder pour laisser place à l'explosion et au débordement du volcan entraînant dans la coulée de lave les détritus de la terre entière.

La politique mondiale du présent se divise en plusieurs parties qui se ressemblent toutes et dont le point commun se résume à ceci : augmenter le profit, s'accaparer ou garder le pouvoir à tout prix, s'enrichir au maximum en laissant mourir de faim des civilisations entières, fabriquer de toutes pièces un semblant d'assistanat camouflant tout simplement l'extinction et la disparition à plus ou moins brève échéance d'autres civilisations, ou bien tout simplement entretenir honorablement une misère calculée, afin que la mort suicidaire ou la mort de faim ne devienne qu'un malencontreux parcour ou un complexe d'infériorité.

La politique mondiale, même divisée, a réussi depuis quelques années à détruire dans certains territoires, que des siècles passés avaient préservés, l'indépendance des frontières, donc la sécurité à travers une politique inflexible et intransigeante. La politique mondiale est à double sens ou à multiple sens à travers la planète et toute l'histoire géographique, aussi bien de passé que de présent par rapport aux frontières et à l'indépendance.

La politique est devenue une stratégie de profit mais non plus d'intérêt national. Certaines nations sont devenues dépendantes et à genoux pour avoir participé ou collaboré à la création et à l'unification d'un seul avenir mais vivant et prospérant à travers ses pensées et ses intelligences propres. L'unification de plusieurs pensées donc de différentes politiques est totalement négative. L'unification est négative, car une union se construisant dans une destruction et une disparition de biens, de travaux, d'espérances et de créations, ne peut aboutir avec le temps, qu'à une marmite trop pleine dont le bouillonnement devenu trop fort explosera pour brûler ou toucher tout ce qui a contribué à faire bouillir la marmite.

Une nation dont la force et l'espérance éaient bâties ou construites par la politique ne peut que sombrer dans le temps. La politique actuelle, pratiquée dans plusieurs pays sous la même pensée pour aboutir à l'union, sombrera d'elle-même, car cette politique est axée sur la richesse, la quantité, le profit et le déshonneur. Une nation ne peut sombrer ni mourir, une frontière peut être imprenable, une indépendance ne peut être que d'honneur à une seule condition : une politique doit être de grandeur.

Il faut savoir qu'à travers l'espace temps, il y a le présent, que le présent n'est que la continuité du passé, et que le futur ne peut se faire que par la construction du présent.

Comment une nation peut-elle construire pour le futur une espérance, un honneur, un devoir, un courage, ou tout simplement une vraie responsabilité si, au jour le jour, par l'accomplissement voulu et désiré de quelques individus, des hommes, des femmes, des enfants perdent millimètre par millimètre le champ d'amour et de vie qui leur appartenait et qui était le vrai tissu à créer et à préparer le futur pour sa construction. Jour après jour, bataille après bataille, colère après colère, des hommes courageux, des femmes accomplies, se voient perdre la seule chose qui leur est due à travers la politique : le droit au travail, le droit à la procréation.

Tout simplement.

Pour les intérêts personnels de quelques individus dont les profits et la quantité ne peuvent que s'accroître et se multiplier qu'à la seule condition qu'une force individuelle et possessive s'unisse à d'autres forces possessives afin de mieux détruire et réduire par le sacrifice beaucoup d'individus, même morts.

La politique actuelle, en s'inspirant du code d'honneur pour la paix universelle ne peut qu'œuvrer et accentuer la mort.

Pourquoi ?

Une politique de nations qui autorise, encourage, perpétue, même à travers le changement de pensée ou d'intelligence, le droit à l'exclusion sous toutes formes de la vie courante est une politique criminelle. Une politique criminelle s'inspire du code d'honneur non pas pour se blanchir, mais pour rendre coupables ceux-là mêmes qui sont condamnés à mort pour vouloir simplement vivre dans la dignité. Il est inconcevable et même outrageant pour des hommes et des femmes de vouloir travailler, sinon à qui et à quoi serviraient les aides sociales ?

La politique actuelle joue le double jeu ; celui de vouloir préparer la paix universelle dans la guerre, et en même temps, celui d'entretenir et de soutenir par l'assistanat gratuit et généreux de l'état, ceux-là mêmes qui se soulèveront pour vouloir la vraie paix mais qui sont déjà condamnés à mort avant même d'avoir commencé.

Comment peut-on attaquer une politique qui vous donne de la main gauche ce que normalement vous auriez dû gagner de la main droite ?

Comment peut-on faire la guerre à un état qui vous autorise dans sa démocratie à pouvoir fumer votre dernière cigarette, même si vous ne pouvez pas la consommer ?

Comment peut-on critiquer un état, si l'état par lui-même, joue le propre jeu du désintéressé et généreux si, en même temps, il vous prend de la main droite ce que vous aviez gardé dans la main gauche ?

La politique actuelle, et cela dans chaque nation, est identique, même si la pensée courante est différente. La politique, et ceux qui la pratiquent, doivent s'enrichir à tout prix et par tout moyen. La politique n'est qu'un jeu. La politique donne le pouvoir. Le pouvoir crée les lois et les appliquent. Il n'est nul besoin d'expliquer davantage le droit à l'application. Il suffit chaque jour de lire les journaux, d'écouter la radio, les journalistes, il suffit de contempler béatement devant la télévision la délectation et la gageure des politiciens.

L'intelligence des politiciens est très bien préparée,

manipulée, calculée. Les promesses sont extraordinaires. Tout le monde va être heureux, il n'y aura plus de chômeurs, le travail va continuer, progresser, l'économie sera si forte qu'elle va exploser. Oyez… Oyez bonnes gens, vous allez être heureux ! Mais pour cela il faut que vous nous aidiez.

Aussi allons-nous augmenter les taxes ; des taxes, et encore des taxes. Bref, comme dirait Pépin, «toujours des impôts». Pourvu que les caisses se remplissent. Pourvu que nous puissions remplir nos poches. Pourvu que nous ayons le temps de bien le faire, car la durée d'un mandat à un autre mandat est vraiment très courte. Le temps de l'écrire, de le lire, le politicien a rempli son mandat, il a perdu sa place, il est remplacé, les promesses sont nouvelles, mais se ressemblent, nous recommençons et personne n'a rien compris. Nous avons toujours les mêmes personnes, nous avons toujours les chômeurs (plus nombreux, bien sûr), nous avons de moins en moins d'argent, les miséreux, les exclus et les crève-la-faim se multiplient grâce au miracle de Jésus par la multiplication des petits pains.

Tout le monde a froid dans le dos mais la politique est toujours là, plus forte ; les riches toujours plus riches et les pauvres de plus en plus pauvres. Nous continuons… !

La politique actuelle, dans une unification particulière, ne pourra aboutir qu'à une disparition inexorable de l'identification du passé à travers l'histoire et l'origine de l'ethnie dans sa particularité.

La politique actuelle dans l'unification agit dans le sens où toute entreprise sera vouée à l'échec. La politique mondiale, à travers son emprise et pour le profit de quelques-uns, a tout simplement rendu par la force des choses l'unification négative et perdante en la soumettant à son propre jeu qui est le pouvoir de l'argent.

La politique actuelle, sous l'influence négative, possessive, individuelle et égoïste joue le jeu des autres politiques influentes sur le profit par le profit, par la même passion et la même force, de fermer les yeux sur toutes les civilisations. Fermer les yeux sur la perdition, sur la disparition, sur la misérabilité omniprésente et grandissante, même si la souffrance et l'exclusion sont partie prenante de leur propre existence et nation.

La politique actuelle ferme les yeux volontairement sur l'échec du précédent acteur comme elle ferme les yeux sur son échec à venir ; tout simplement, une langue étant riche d'expression et d'espérance, le langage manipulé, multiplié, démesuré, permet d'endormir ou d'hypnotiser des peuples réveillés par l'angoisse et la faim. L'échec est connu et prévu, mais l'orgueil et l'égoïsme mal placés des politiciens permettent à ceux-là mêmes de prôner une intelligence et un savoir vis-à-vis de ces disciples, même si leur intelligence et leur savoir ne sont qu'un tissu de mensonges face à une vérité qu'ils s'interdisent même d'avouer.

Avouer une vérité serait purement et simplement s'auto détruire. Car la démission des acteurs de la politique actuelle dans son contexte serait l'acte d'honneur le plus noble que tout homme de devoir se doit d'accomplir.

Sachant parfaitement que nous vivons dans une politique de déshonneur où le profit et le mensonge sont le quotidien, ce qui est la manche et la recherche dans une poubelle du morceau de pain, qu'espèrent trouver les individus exclus honnêtement de la société par la bravoure et le courage de la politique actuelle.

La politique actuelle dans l'unification sera, par la force des choses, désunie. La parole hypnotisante ne peut agir que le moment d'un effet très précis. Mais inexorablement, même si le réveil se fait long et lourd, la conscience et le subconscient émergeront de l'influence prophétisante des politiciens pour exploser et s'immoler face à la désunion et à la désintégration de l'unification, de l'identification et de l'implosion politicienne qui en résultera fatalement et heureusement.

Il faut savoir que la politique, comme le temps, est un rouage, un engrenage, qui tourne et se referme sur lui-même. Lorsqu'une roue tourne, la porte de sortie se referme sur elle-même. L'implosion et l'explosion sont les seules issues afin que le cercle qui entoure la politique et son contexte, se libère et s'ouvre grande comme un espoir et un combat. La politique enflammée par l'unification n'est, et ne sera, qu'un feu de joie qui, en s'allumant, pétille et émoustille mais qui, en diminuant, refroidit et engourdit la propre espérance de ses créateurs et acteurs.

La politique par l'extinction du feu de joie montrera la faiblesse et l'erreur, mais aussi l'incompétence et l'imbécillité permanente qui ont été l'apanage des acteurs, même si les atours étaient beaux.

La politique actuelle ne se détruira pas uniquement par elle-même dans son unification, mais également à travers la politique mondiale dans son contexte, son application, mais surtout la perversité des acteurs car la politique mondiale engage une force supérieure à celle de l'unification et en plusieurs parties. Il y a la politique d'un monde qui a fait en sorte de faire croire aux autres qu'elle est supérieure, méritant d'être l'uniforme du monde, faisant marcher à sa botte les autres politiques, même meilleures. Cette politique emballée dans un uniforme d'emprunt pour chapeauter les autres politiques, deviendra plus faible, déshabillée, lorsque sa propre force n'aura plus l'enjeu de faire miroiter le bel uniforme d'emprunt.

La politique mondiale a eu le tort de s'unir dans un seul but, même si les intérêts se font dans le sens où l'on tire toujours à soi la couverture qui vous réchauffe ; car inévitablement l'enjeu et les intérêts se sont tissés les uns entre les autres, dans le sens où le commerce et l'échange ne se font qu'au profit de quelques-uns et non pas pour le bien des civilisations.

Il faut ne jamais oublier que de tous les profits fabuleux encaissés et vulgairement énoncés dans des chiffres énormes, seules les civilisations de toutes nations, n'ont eu droit qu'à des miettes ; non pas des miettes pour satisfaire une faim., mais des miettes si petites qu'elles ont de quoi entretenir un estomac afin que celui-ci ne s'écroule pas. Car l'intelligence des acteurs, de toutes politiques, de toutes nations, a fait en sorte d'entretenir soigneusement un estomac ; non pas pour le combler de bienfaits, mais juste le nécessaire pour l'entretien et la force, pour accomplir le travail au quotidien afin que la richesse continue à se fructifier, non pas par la quantité d'estomacs à entretenir, mais en diminuant sensiblement et inexorablement la quantité d'estomacs afin que le trop-plein s'autodétruise ou s'élimine purement et simplement, faute de miettes ou faute de trop de travail de la part de ceux qui donnent les miettes. Car même une toute petite quantité est encore un trop-plein perçu ou un trop-plein donné ; car obligatoirement un trop-perçu doit être rendu au donneur.

Le donneur est la politique. Même en faisant ou en laissant mourir un estomac, elle aura toujours raison, tout simplement, elle détient les miettes, elle choisit ceux qui reçoivent les miettes puisqu'elle les distribue. Cette distribution se fait au quotidien, sur toute la planète par la politique mondiale, qui, en étant divisée, est unique. La politique mondiale revêt un autre aspect.

Il faut savoir qu'il existe sur la planète une politique puissante et dominante dont les acteurs ne sont plus des créateurs, ne portent pas l'uniforme d'emprunt, mais au contraire une robe cachant des attributs et des charmes qui poussent à la guerre, à la convoitise et à la cruauté des civilisations entières. Ces civilisations sont dominées et ravagées par la politique de robe qui pousse et entretien fanatiquement ou à l'extrême des populations entières à assouvir ou à accomplir des actes politico-guerriers en l'honneur et pour la gloire des charmes et des attributs cachés sous la robe.

Mais il faut savoir que cette forme de politique est la plus dangereuse, la plus omniprésente car alliée directement ou indirectement à la politique tout entière, la politique de robe s'est glissée sournoisement dans tous les plis et les contours qui font la convoitise. Les plis et les contours sont les richesses qui peuvent être achetées ou prises, soit par l'argent, soit par l'occupation de terrain. L'occupation de terrain par la politique de robe est l'ennemi le plus sordide, le plus implacable, qui permet, et qui a permis, à la politique actuelle d'être faible, lâche et servile. L'occupation de terrain s'étant faite soit par l'appât du gain, soit par le chantage au quotidien sous toutes ses formes.

Le chantage peut être politique, de guerre, de racisme, d'agression, mais surtout la manipulation pure et simple dans un seul sens des droits de l'homme et d'une constitution écrite sur un code d'honneur.

Mais il faut savoir qu'une constitution établie sur un code d'honneur n'a plus aucun sens, ni aucune valeur, si une politique de robe permet de rendre transparentes, vulnérables, une frontière, une race, une indépendance, une politique.

La politique actuelle par la multiplicité des créateurs, acteurs, et dans une suite sans fin, est elle-même devenue vulnérable, manipulée par son propre jeu, sa propre constitution, son code d'honneur. La politique actuelle dans diverses civilisations, est devenue une gageure, un amuse-gueule où le passe-temps représente les gadgets, les superbes voitures, les gros chèques, les voyages et les bons repas ; pendant que, dans le même temps, la vraie politique disparaît dans les oubliettes, même si de temps en temps un semblant de drapeau flotte par magie au mât d'un bateau ou au sommet d'un bâtiment.

La politique mondiale dans son ensemble, ressemble à un banc de requins dont la couleur pourrait seule les différencier. La couleur se rapporte soit aux beaux atours, soit à l'uniforme d'emprunt, soit à la robe plus ou moins appétissante.

La politique mondiale, dans son contexte actuel, est l'égale de ce qu'est l'économie mondiale. Une marmite pleine d'ingrédients plus ou moins riches en protéines mais dont seule la vapeur sert d'aliments aux civilisations mondiales, le reste de la cuisson appartenant et entretenant un nombre restreint d'individus vivant parmi les civilisations.

Mais il faut savoir qu'une marmite pleine ne peut se faire qu'avec la totalité des individus appartenant aux civilisations. Il est anormal à la fin du vingtième siècle, à l'heure où la technologie permet de pénétrer dans le mystère de l'univers, qu'un nombre restreint d'individus, se croyant au-dessus de tout, puissent par leur intelligence mal placée, permettre que des individus, enfants y compris, puissent mourir de faim sur la planète Terre, alors qu'il suffirait de prendre une louche, de plonger dans la marmite, de rassasier tous les individus, y compris les enfants. Il en resterait suffisamment pour pouvoir donner aux plus gourmands une deuxième ration, voire plus.

Il faut savoir que l'intelligence suprême dans l'alliance avec la spiritualité sensible, ne permettra jamais dans le futur du renouveau qu'un enfant ou un individu puisse mourir de faim.

CHAPITRE 9

L’armement

INTRODUCTION

L’intelligence suprême en alliance avec la spiritualité sensible et active rendra à César ce qui est à César.

Le futur aura la charge et le devoir de restituer à l’homme sa virginité originelle par la destitution pure et simple de l’intelligence active, négative, destructive.

L’armement du présent au regard du temps passé est coupable de crime contre l’humanité.

Il ne saurait y avoir un futur dans une science avancée et par une technologie haut de gamme si ces deux forces unies servent à détruire, tuer par quantités inépuisables l’être, la nature, l’univers, dans le sens le plus pur du terme.

L’intelligence, par sa force, rendra nulle et non avenue toute puissance quelle qu’elle soit…

À l’heure du verdict, ceci sera expliqué.

À suivre…

***

La folie de l'homme
n'ayant pas de limites...
L'intelligence de l'homme
n'ayant pas de frontières...
La science de l'homme
n'ayant pas de barrières...
alors, il suffit...

L'apocalypse à elle seule
règlera le problème afin que
l'univers et la Terre soient
saufs...

À suivre...

* * *

L'armement dans le monde entier ressemble comme un frère jumeau à la politique mondiale qui, elle-même, ressemble comme une sœur jumelle à l'économie mondiale. Tout va de pair. Dans le passé, l'armement appartenait à chaque nation ou permettait à des alliances de s'unir pour pouvoir combattre. Dans le passé, l'armement était un signe d'honneur car il appartenait à des maisons royales ou à des guerriers. Dans le passé, l'art de la guerre passait bien souvent par la capacité et le courage des hommes suivant leur force et leur ambition. Les armes étaient différentes, moins sophistiquées, et il fallait bien du courage et de la volonté pour batailler, le poids des armes étant supérieur à ce que nous connaissons maintenant.

Dans le passé, l'armement n'était pas un commerce. Chaque nation avait sa notion propre pour mener un combat, s'enrichir de nouvelles armes plus performantes et plus perfectionnées, mais jamais pour aller vendre à un adversaire potentiel ou à un ennemi de toujours ses propres armes. L'intelligence et la tactique étaient différentes de notre époque, cela ne veut pas dire qu'elles étaient meilleures ou inférieures. Il serait inutile d'expliquer davantage le passé, le présent étant totalement différent, la technologie nettement supérieure. Malgré tout, le passé restera dans l'histoire plus noble que le présent, même si l'armement, étant une arme de défense, est également une arme de combat, et ne sert en fin de compte qu'à massacrer des gens.

Mais cela reste dans le domaine de l'histoire, le temps des hommes n'étant chargé que de fait d'armes, de guerres et de massacres. L'armement du présent est aujourd'hui un commerce. Le commerce des armes rapporte à un pays ce qu'une économie de paix devrait normalement rapporter. Mais hélas nous sommes au vingtième siècle et rien n'a changé.

Sur toute la planète, de la plus petite contrée au continent le plus immense, les civilisations sont en ébullition, en état de choc, en état de guerre, en révolution, massacrées, ou tout simplement en préparation de guerre permanente. L'armement est devenu depuis un certain temps un vrai commerce non pas pour apporter la paix, mais au contraire, la vente ; et les armes sont faites et vendues dans le sens où elles doivent servir, se détruire, afin que l'on puisse les reconstruire et les revendre. Cela bien sûr se fait allègrement sans tenir compte de ce qui arrive en conséquence, la mort d'hommes, de femmes, d'enfants n'a jamais effleuré l'esprit des créateurs et acteurs, le profit et la rentabilité étant les seuls sentiments valables et l'assurance d'une politique bien appliquée, si à travers les chiffres donnés par l'économie les revenus sont importants, la sécurité de l'emploi assurée.

Cela est de bonne guerre (sans jeu de mot) puisque la société actuelle est fondée et bâtie sur le profit, le profit, et toujours le profit, même si cela se fait par la mort d'autrui. La vente d'armes est à double tranchant. Les armes nouvelles dans une technologie extraordinaire et très avancée, servent bien souvent à des jeux électroniques que l'on trouve dans les salles spécialement préparées pour cela mais à la différence que la salle de jeux est la planète. L'armement, devenu un commerce, a permis à des politiques dites démocratiques de devenir les plus grandes criminelles de l'histoire.

Pourquoi ?

Il faut savoir qu'une vraie démocratie commence par le respect de soi-même afin que cette respectabilité puisse être le reflet d'un respect opposé dont l'aura est le lien invisible qui relie, à travers la transposition de la pensée, la sensibilité acquise et réfléchie dans l'espace d'une particule de cerveau en activité et réceptive à la sensibilité. La vraie démocratie dans la réceptabilité de tout individu ne peut en aucun cas apporter le désir de la mort, même gratuitement.

Il faut savoir.

Actuellement, dans un contexte de réalité absolue, les sociétés dites démocratiques ont tout simplement controversé la loi universelle dans le code d'honneur d'une constitution, et permis à des civilisations de devenir meurtrières ou victimes par le profit de ventes d'armes. L'armement et la démocratie ne peuvent en aucun cas être des alliés ou des amis. Autoriser une vente d'armes ou fermer volontairement les yeux sur le trafic d'armes, c'est permettre, encourager et accepter que des politiques de robe, d'uniforme d'emprunt ou de créateurs deviennent des assassins potentiels, des violeurs de civilisations et des destructeurs de la planète.

La démocratie représente une forme de paix si nous la comprenons dans le sens où elle représente une forme de liberté ou un sens de liberté.

Comment une démocratie peut-elle représenter une paix si cette démocratie, par le biais d'une politique et d'une économie, permet à cette démocratie de vivre de l'arme et par conséquent de la mort.

Comment une politique démocratique peut-elle se juger démocrate donc de liberté, si dans le même temps, symbolisant la paix, elle vend les armes de sa création pour apporter la mort et la ruine, ou bien tout simplement rapporter de l'argent.

Il faut savoir qu'actuellement les politiques démocratiques dites de liberté, prônant la paix au nom des droits de l'homme, vivent et tuent de leurs propres créations, de leurs propres systèmes.

<u>Comment ?</u>

Actuellement, des politiques démocratiques, par le biais de la politique mondiale, profitent symboliquement de la vertu démocratique pour vendre des armes, des produits chimiques, des technologies, des recherches scientifiques, des matières biologiques à des ennemis potentiels de la vertu démocratique, afin que ces ennemis potentiels s'entre-tuent allégrement au nom de la vertu démocratique.

Mais il ne faut pas oublier le double tranchant du jeu qui consiste à vendre des armes et les perfections à des amis d'un temps et d'un moment, virtuellement ennemis de toujours, amis d'un présent au nom de l'argent, amis d'un moment par rapport à des ennemis d'un présent mais dont les propres armes vendues se retournent contre la vertu démocratique qui devient criminelle acceptant par le retournement de situation d'un temps ou d'un moment de faire assassiner ses propres enfants issus de la vertu démocratique.

Il faut savoir qu'actuellement les politiques démocratiques à travers la recherche scientifique et chimique, ont permis que des civilisations particulières ne possédant aucune matière pour la construction d'armes chimiques, nucléaires, biologiques, d'acquérir par le biais du profit, ces armes destructives et de faire sombrer dans la folie et les excès des pays entiers.

Actuellement, la planète Terre, par la folie et la grandeur des hommes uniquement axés sur le pouvoir, l'argent et la politique, est devenue en quelques années une poudrière énorme remplaçant purement et simplement la plus petite chaise d'un coin de jardin.

La planète Terre, dans sa beauté et sa perfection, même si des volcans la font trembler, n'a couru de plus grand danger que celui détenu actuellement par la main de l'homme.

Dans la vertu démocratique, dans la rudesse d'une robe mal ajustée, dans l'égoïsme d'un uniforme d'emprunt et décoloré, les politiques et ses représentants, ses acteurs et créateurs, ses prêcheurs et ses tribuns ont fait de la Terre une boule chimique et nucléaire prête à exploser, pour avaler dans l'oubli quelques années d'histoire. L'héritage du passé et de la Terre non polluée est devenu en quelques années une donation pustuleuse au présent.

La planète Terre, avec ses volcans, ses bouleversements et ses changements, est restée avec le temps un jardin accueillant où chaque fleur naissante offre son parfum en toute quiétude. Chaque animal, chaque arbre et chaque personne pouvaient selon leurs désirs, emplir leurs poumons de ces merveilles. Aujourd'hui, grâce à l'intelligence de l'homme, à cause de sa science plus poussée que jamais, à cause de la richesse acquise par la libre circulation d'armes de toutes catégories à cause de l'entretien constant de guerres, de révolutions, de massacres, à cause des drapeaux et de leurs prestiges à travers les frontières, les sociétés tous sentiments confondus, ont fait de la planète Terre une centrale nucléaire, polluante et destructive prête à exploser à la moindre faille. La moindre faille pour l'explosion est quasi permanente.

Tout simplement.

Aujourd'hui, dans tous les pays du monde, où la libre circulation de toutes armes confondues se fait, la paix ne peut plus exister.

Il suffit de regarder chaque jour un peu plus la folie de l'homme à travers ses actes, ses ordres, ses politiques. Chaque jour apporte son lot de morts, de misères, de massacres.

LA PAIX, AU NOM DE LA PAIX, NE PEUT SE FAIRE.

Le pouvoir, l'argent, le Profit, la facilité, et la technologie, la distribution et la permission sont les failles qui font que chaque jour la centrale nucléaire court un danger. Danger omniprésent mais dont nul ne connaît le moyen de l'enrayer.

Le système, qu'il soit économique, politique, démocratique, de religion, de dictature, n'est qu'un cercle vicieux où l'engrenage, l'alliance et le rouage sont les détonateurs. Ces détonateurs peuvent à tout moment se rompre, l'inflexibilité de la loi universelle disparaissant chaque jour un peu plus au fur et à mesure que disparaît l'inflexibilité d'un code d'honneur.

CHAPITRE 10

L'immigration

INTRODUCTION

L'oubli du passé, l'oubli du combat d'un peuple, le présent et ses conséquences, les mots empruntés pour une soi-disant dignité, seront les ingrédients d'une grenade qui, en explosant, feront renaître dans l'horreur, la face cachée d'une dignité faussement empruntée à la pensée universelle à travers les Droits de l'homme et au nom de la Liberté.

Le futur aura la charge et le devoir de rendre à l'homme par la vraie pensée universelle le sens réel de la liberté qui commence par la dignité de l'individu en tant que tel…

Le futur aura la charge et le devoir d'amasser les ingrédients de la grenade afin que la face cachée d'une fausse dignité ne soit plus la complaisance d'un politicien, d'un dictateur, d'un pouvoir et surtout au nom de l'argent.

L'immigration ne peut appartenir à un futur d'élévation surtout si cette immigration est la fuite de l'être envers sa propre responsabilité et si la décadence est, et devient, l'acquis définitif de toutes les sociétés existantes qui acceptent de recevoir les peuples exclus de tous pays.

***

Pauvre Terre, pauvres continents, pauvres gens, par ce symbole désastreux où tout fout le camp... Comment peut-on instaurer une paix, une liberté, une vie, si tous les êtres fuient le combat ou désertent leur patrie.

Ce symbole est pathétique, douloureux et réel :
La Terre, dans le feu de l'action, est abandonnée au profit de la dictature, de la haine, de la peur...

* * *

L'immigration du passé et l'immigration du présent sont identiques dans le terme mais totalement différentes dans l'application. Aux époques très lointaines de nos sociétés actuelles, l'immigration était due bien souvent soit à l'esclavage d'un peuple envers un autre peuple, soit à une nation conquérante envers les vaincus, soit à une diaspora de peuples par rapport à des défaites ou des frontières.

Quelle que soit la forme préférentielle, le passé ne pourra jamais être comparable au présent. Le présent ne pourra jamais justifier ou se justifier à la face du monde de l'immigration actuelle, de ses conséquences mais également de ses raisons. Aux époques très lointaines, l'immigration ou l'esclavage n'influençait jamais ou très peu le mode de vie de la société ou d'un pays ayant entrepris et entretenu l'esclavage. Les lois intransigeantes et la culture ne pouvant bien souvent permettre le mélange des citoyens aux esclaves. La culture ou la couleur étant bien souvent différente.

L'esclavage était soit une prise de guerre soit un marché. Quoi qu'il en soit, l'un et l'autre ont contribué à déplacer dans diverses régions ou continents, des masses de personnes sans pour cela affaiblir ou détruire totalement des formes de civilisations ou peuplades. La multiplicité des unes ou des autres faisant la propre force individuelle de chacun. L'esclavage du passé détruisait ou brimait toute forme de liberté sans pour cela interdire certaines formes de cultures, traditions ou modes de vie dans la communauté même des esclaves. Les lois du passé ne sont pas comparables aux lois du présent par rapport à un code d'honneur. Le contexte et la connaissance étant totalement différents, la forme d'immigration, de diaspora ou d'esclavage paraissait tout à fait normale ou acceptée dans le principe même de la vie, les esclaves étant par cela même assujettis aux travaux forcés ou rattachés à un maître.

Mais il faut savoir et ne pas oublier que, malgré la différence entre le passé et le présent, le passé sera toujours meilleur. Même si dans certaines sociétés l'esclavage pratiqué était tout simplement abominable, cruel et pervers. Mais l'avenir permettait aux peuples privés de liberté, une espérance, un espoir et une revanche sur la perte de leur liberté. D'où des chants, des musiques, certaines traditions.

Néanmoins, l'esclavage du passé, qui a amené des

peuples à immigrer d'office dans d'autres régions, se sont vu garder ou protéger leurs propres origines, la couleur de leur race, le chant de leurs pays. L'esclavage du passé, quelle qu'en soit l'issue ou les conséquences, n'a jamais été qu'une forme de politique ou d'entente, entre des peuples ou des nations, une guerre ou une bataille gagnée ou perdue, ou tout simplement une forme de donation d'un peuple vaincu ou soumis offrant aux maîtres régnants les esclaves qui serviront des maîtres, et travailleront pour l'enrichissement de ces nations. L'esclavage du passé parfois transformé en immigration involontaire a laissé des traces indélébiles dans toutes les sociétés de toutes nations, de tous continents.

Il faut savoir et ne jamais oublier que l'esclavage est à l'homme ce que la religion est à l'homme. Dans le sens où l'esclavage et son asservissement servaient de support au pouvoir des maîtres du moment, comme l'obligation de la religion garantissait le pouvoir des instances aux prêtres du moment.

L'immigration ou l'esclavage, la diaspora ou la transposition, sont des termes différents, l'explication parfois différente, mais le principe revient toujours au même. Déplacer des peuples, volontairement ou involontairement, les soumettre ou les vendre, les offrir ou les asservir. Cela n'est pas pour l'humanité un acte de courage.

Cela pourrait se justifier par la nécessité de déplacer des personnes en grand nombre pour des travaux ou des ouvrages de grande importance, même si parmi ces raisons principales figurent la production ou l'extraction de produits ou de matières pour enrichir des peuples et des maîtres.

Mais l'acte de courage dans ce contexte ne peut en aucun cas être honoré de la pensée. Car le fait de déplacer des nations pour les soumettre aux travaux forcés ne devient qu'un acte barbare dans la soumission et l'obligation, même si ces civilisations ont laissé leur empreinte dans l'histoire.

Malgré tout, il faut savoir et accepter ceci.

Quelle que soit la forme d'esclavage ou de l'immigration, de la diaspora ou de la transposition de gens de toutes couleurs, de toutes races, de tous continents, le présent ne pourra jamais s'honorer d'avoir mieux fait en connaissance de cause, même si l'on prétend à travers la planète instaurer une charte des droits de l'homme.

Le passé à travers son histoire ne se limite pas à l'esclavage ou à l'immigration involontaire. Le passé ne peut être jugé ou comparé uniquement à cela. Car il faut savoir et accepter que malgré les souffrances passées, les déchirements et les reniements d'une nation envers un être, le passé est riche d'espérance et d'élévation.

La pensée de la spiritualité sensible a toujours espéré vaincre, aboutir à une nouvelle forme de vie, même si le chemin encombré d'épines et de ronces forme une barrière insurmontable. L'esclavage et l'immigration du passé ont permis à des peuples de se battre malgré eux-mêmes pour leur propre existence, soit en vainqueurs, soit dans l'instinct de survie. L'histoire du passé, étroitement liée aux religions, à la politique d'un moment, n'a pu se faire, se construire ou se bâtir sans l'esclavage ni l'immigration. Ces deux éléments ayant malgré tout transmis dans le temps et avec le temps, l'espérance et l'espoir de ne plus voir ou accepter dans le futur, toute forme de société ou nation fleurissant ou prospérant, enrichissant ou entretenant des maîtres, des sujets, ou des marchés vivant et jouissant de la peine et du sacrifice d'autres humains.

Mais hélas, le présent tel qu'il sera expliqué, prouvera irréfutablement que la souffrance du passé connue et reconnue à travers les siècles, transmise et retransmise à travers les livres, les hommes et les écrits, n'aura permis en aucun cas de faire changer la pensée de l'homme à travers ses actes. Se débarrasser d'une façon ou d'une autre, exclure ou faire partir des peuples entiers dans différentes sociétés afin de mieux asservir par tout moyen le peu qu'il en reste, tout en justifiant le départ ou l'exclusion des autres. Tout cela dans une politique d'asservissement et d'exploitation de l'homme par l'homme qui n'est tout simplement qu'une forme d'esclavage moderne.

L'immigration au présent est le plus grand fléau que l'humanité n'ait eu à subir ou à combattre.

L'immigration actuelle ressemble dans toute sa vérité à travers ses cultures, ses mœurs, ses religions, ses pratiques, ses origines, ses traditions, ses maladies, ses vices, à une plaie monstrueuse, purulente, jusqu'à la putréfaction, sur une terre elle-même malade et séropositive d'une humanité décadente, avilie, asservie, vendue, achetée à tout vent, tout venant, dans un contexte et sans complexe de politiques multiples, démultipliées, mais agissant dans le même sens, la même force : prendre et s'accaparer, la fin justifiant les moyens, toutes les richesses, tous les biens même si cela finit dans un bain de sang qui constitue pour les pouvoirs en place un lait de jouvence rajeunissant leur pouvoir décadent et leur force putréfiée dans la mort des autres.

- **L'immigration est une faiblesse d'état.**
- **L'immigration est une lâcheté d'état.**
- **L'immigration est un abandon de la dignité.**
- **L'immigration est un rejet de l'honneur.**

Le présent actuel nous le démontre au quotidien. En tout lieu. En tout moment. En toutes circonstances. La politique, l'économie, l'armement en sont les médicaments qui entretiennent la plaie ouverte afin qu'elle devienne inguérissable et purulente pour toujours rapporter à ceux qui détiennent les pouvoirs et les rênes de la politique économique à travers le monde entier.

Il faut savoir qu'à travers l'histoire de l'humanité, l'immigration antérieure ne peut se comparer à l'immigration actuelle, tant la mentalité, la couleur des immigrants, la raison et l'accueil sont différentes.

Il faut savoir que l'immigration antérieure n'apportait pas forcément des flots immigrants de toutes nations, de toutes couleurs, mais certaines catégories de personnes fuyant ou se séparant de leur patrie, mais que l'immigration ne transformait pas en assistés. Mais au contraire à s'intégrer le plus modestement possible afin que les immigrants ne puissent, par leurs arrivées, perturber la vie quotidienne de certaines sociétés. L'intégration s'étant toujours faite dans le désir du travail et de vivre dans la même culture et les mêmes mœurs des sociétés accueillantes. Mais cette forme d'immigration fut très courte par rapport à certaines ethnies.

L'immigration s'est toujours faite plus ou moins dans différents continents, différentes sociétés. Les unes furent nécessaires et catastrophiques.

Il faut savoir, qu'actuellement des sociétés nouvelles se sont créées, bâties par un flot incessant d'immigrants. Au départ de certaines sociétés, les immigrants étaient pacifistes et entreprenants.

Le courage se prouvant au fur et à mesure de la tâche à accomplir bien souvent dans des terres arides. Malheureusement, la richesse de certaines terres, l'avidité des hommes ont poussé la forme d'immigrants en de monstrueux assassins.

Il ne faut jamais oublier que certaines terres actuellement occupées par des formes de civilisations, dans un mélange, de couleurs, d'ethnies, de mœurs, de cultures, plus nauséabondes les unes que les autres, ont tout simplement destitué par la force et par le crime, des peuples en les réduisant à l'état d'esclaves en semi-liberté.

Cette substitution de peuples en état s'est faite pour les uns dans l'honneur, même si le drapeau était la couleur du sang, et pour les autres un droit fondamental, la loi du plus fort devant dominer sur le vaincu, non pas forcément vaincu par manque de courage, mais la loi de la quantité faisant bien souvent le poids de la vérité, et non pas de la liberté dans le devoir.

Il ne faut pas oublier que ces civilisations ont transformé un continent peuplé d'âmes fortes et pures en un état démultiplié, où l'immigration, clandestine ou de trafic a fait de cet état la porte ouverte à la plus grande ignominie de la Terre, à la plus grande tromperie pour l'histoire et malgré un uniforme d'emprunt décoloré, vouloir présenter cet état comme le fleuron de l'humanité.

Il ne faut pas oublier qu'un état qui entretient une forme d'immigration clandestine les yeux fermés mais grands ouverts, qui entretient aveuglément mais dans une clarté absolue, qui se bouche les oreilles en les ayant bien à l'écoute, qui ferme la bouche quand il parle, cet état est faible et lâche. Cet état faible et lâche est tout simplement la forme de politique économique, sociale, culturelle qui s'entretient et reste en s'accaparant à travers les rênes du pouvoir de tous les bienfaits de la terre d'occupation, en donnant des miettes à tous les représentants migratoires peuplant l'état démultiplié, tout en donnant, aux tribuns et aux acteurs, beaucoup plus de biens et de richesses qu'il n'en faut afin que ces riches puissent fermer les yeux sur la quantité de miettes données, et trouver normal que le plus gros morceau du gâteau en revienne aux hommes du pouvoir.

Pendant que, dans le même temps, l'uniforme d'emprunt décoloré qui représente cet état démultiplié, donne une leçon de moralité, entretient l'assistanat sur le globe terrestre, ferme les yeux sur les tueries effectuées en son ordre ou sous-ordre et palabre joyeusement de l'avenir de l'humanité le pied posé sur un cadavre.

L'immigration dans un passé très proche ne s'est pas effectuée de la même manière. Il faut savoir que des civilisations, des peuples ont connu et subissent actuellement la résultante d'une déportation, d'un exode ou d'une élimination. Il serait inutile d'approfondir les éléments et les causes, l'histoire l'ayant fait dans des livres bien écrits.

Mais il faut savoir et retenir ceci.

À travers tous les acteurs qui représentent les déportateurs ou les déportés, la politique mondiale sous toutes formes entretient au sens propre comme au sens figuré l'immigration dans sa totalité, que ce soit une immigration de guerre ou une déportation ethnique, le chaos est le même. Des civilisations sont transformées au gré du vent, suivant la tempête ou la tornade, suivant l'araignée qui tisse sa toile et attend, ou tout simplement la lubie d'un chef d'état, qu'il soit de dictature, de président, de démocrate.

Le résultat est le même. Les civilisations, les cultures, les ethnies, les mœurs, les religions sont à la planète ce qu'est le flux et le reflux à la mer. À la différence que la mer dans son mouvement garde la même place, entretient les mêmes plages, nourrit les mêmes poissons, vague après vague fait sourire les enfants, même si la mer est en colère. Le flux et le reflux des civilisations détruisent, saccagent, enlaidissent, noircissent et rougissent chaque pouce de terrain d'occupation même d'un temps très court.

Il faut savoir que l'immigration actuelle et dans le contexte politico-économique mondial est l'égal d'une déclaration de guerre, non pas envers des ennemis potentiels, mais tout simplement envers les occupants ayant reçu sur leur terre les immigrants quels qu'ils soient. Cette forme de guerre est la plus omniprésente, la plus oppressante, la plus dangereuse; même si aujourd'hui, au quotidien, dans toutes les sociétés, les politiciens, les sociologues, les historiens, les prophètes de toutes sortes, les religieux, les acteurs, les écrivains, les philosophes prônent et clament haut et fort, appuyés en cela par les professeurs et l'éducation, que l'immigration est la richesse de notre culture, de notre avenir, de notre espérance.

Il faut ne jamais oublier qu'une culture quelle qu'elle soit, qu'une richesse et un avenir ne sont jamais parvenus jusqu'à nos jours sous cette forme d'association, qui consiste à faire d'une richesse un mélange de pauvreté et de vice, un mélange de couleurs et de passés, un mélange d'idéologies et de religions, un mélange de cultures et de traditions, pour n'en faire qu'un, à travers une culture, un passé, une ethnie, une origine une histoire totalement différente.

Il faut accepter que le futur et le passé ne sont qu'un dans l'espace temps d'un présent.

Le futur et le passé sont le lien invisible et indestructible qui relie au présent l'espace temps de l'infini des temps. Le temps est indissociable à la connaissance, à la spiritualité sensible.

Il faut savoir que la politique mondiale, économique ou stratégique est identique à la pratique de l'immigration. L'immigration sert de rempart ou de support pour garder ou posséder un pouvoir. Le pouvoir acquis ne diminue pas l'immigration et ses droits, mais bien au contraire amplifie la demande et augmente les bienfaits. Que ferait et que deviendrait la couleur d'un drapeau si l'on n'honorait pas les droits de l'homme !!!

Les sociétés actuelles représentatives des droits de l'homme dans des constitutions ou régimes différents, subissent de plein fouet le revers de l'immigration. L'immigration actuelle bafoue par les droits acquis, le sens même de ces droits et le sang versé pour cela. L'économie mondiale répercutant sur les sociétés, amène des sociétés riches à devenir des sociétés pauvres. Les sociétés riches devenues pauvres sont le fait du conditionnement des droits de l'homme sur la planète, du drapeau à agiter fièrement sur toutes les hauteurs de la terre, du gargarisme provoqué par la bonne action visionnée à travers le monde mais au détriment de qui !!!?

Actuellement, si les sociétés riches avaient gardé leurs lois et leurs frontières inflexibles, l'immigration actuelle n'aurait jamais eu lieu. Car la vraie immigration n'est pas celle que l'on nous montre gracieusement mais celle qui enrichit des personnes bien intentionnées, qui entretiennent des relations extra-politique, et dont la pensée sublime ne se résume qu'à la vision du présent et non du futur. La vision du moment est le syndrome de notoriété publique qui agite et pousse des gens bien intentionnés à se faire valoir ou prévaloir en imposant par le biais des médias et des politiques, des courants de pensées et de fortunes, en obligeant les gens eux-mêmes à accepter l'immigration, même sans comprendre.

Les sociétés actuelles s'enrichissent comme un cercle vicieux de leurs propres images, du reflet de leurs pensées, de leurs actes, sans jamais penser à ce que le monde pourrait devenir, si le mélange de couleurs venait à se fondre, à se mélanger pour devenir une boule chimique prête à exploser au moindre courant d'air.

L'immigration, malgré le vent et la tempête favorable aux prédateurs de l'argent, du profit et de la politique, est une arme à double tranchant.

L'immigration par la quantité de races, de cultures, de mœurs, de religions, de passés, d'histoires, n'est qu'un amalgame et un paquet où se renferment et se trouvent toutes les haines, les guerres, les invasions, l'histoire, les morts, les souffrances.

Ce paquet est livré au quotidien, puis préparé dans toutes les sociétés actuelles qui s'imaginent qu'en gardant ce paquet d'histoires enfermées les unes dans les autres et en offrant ce paquet à des sociétés, cela ferait le bonheur et la richesse d'un futur. Quelle erreur ! Il faut regarder et accepter la réalité au quotidien. Il n'est nul besoin de citer en exemple une société plutôt qu'une autre.

Tricher avec l'état au nom des droits de l'homme c'est provoquer volontairement et dans le droit le plus absolu le racisme. Le racisme est une gageure. Car l'anti-racisme permet à ces immigrés de s'implanter. Tout cela au nom des droits de l'homme. Au nom de la terre d'asile. Au nom de la religion tout court. Les droits de l'homme dans l'immigration ne sont qu'un camouflet pour permettre aux immigrés et à leurs religions, de pouvoir pratiquer et implanter leurs religions, d'où leurs mœurs.

L'anti-racisme est devenu par la violence et la défense des occupés, sa culpabilité. Parce que l'occupé a voulu en tout bien tout honneur, garder ce qui lui appartenait.

L'immigration est également une arme politique outrageante et vulgairement payante. Dans le sens où les pays pratiquant une forme de politique misérable, dictatoriale ou religieuse, entretiennent la misère ou la souffrance, dans une maîtrise de force ou d'argent afin que les civilisations postulant la liberté ou la dignité soient rejetées ou exclues de leurs pays.

Mais cette forme d'immigration est manipulable. Les immigrés fuyant leur pays ou bien chassés de chez eux n'auraient jamais dû quitter leur patrie. Pour la simple raison qu'accepter une injustice dans son pays et la fuir c'est accepter et pratiquer le déshonneur toute sa vie. Cette forme d'immigration est toute récente et n'a aucun rapport avec le passé, les immigrés de ce présent acceptant tout simplement de fuir sans combattre dans leur pays sachant que d'autres pays les accueilleraient et les nourriraient tant qu'ils le pourront.

Il y a aussi l'inverse où les miséreux restant chez eux ne prennent pas le courage nécessaire ou la force de vouloir combattre un système d'assistanat ayant entretenu et encouragé les diasporas, les déportations, les exclusions, les exils, l'immigration.

Il faut accepter que toutes les sociétés et politiques confondues sont complices, non seulement au niveau des guerres ou de l'entretien des guerres, de l'éclatement entre les civilisations ou les ethnies qu'entre les flots migratoires et exodes de tous lieux.

Les politiques actuelles sont fondées uniquement sur le profit. Une guerre éclate dans un pays, même le plus éloigné. Un pays très pauvre, ne pouvant nourrir sa population, entreprend ou fait la guerre. Les états et royaumes s'unissent pour la guerre. Des sociétés entières regardent faire la guerre. Il y a de plus en plus de pauvres, de plus en plus d'affamés. Les sociétés nous montrent continuellement des hommes, des femmes et des enfants mourant de faim même là où il y a la guerre. Alors… Les armes… Qui paient les armes…? D'où vient l'argent…? À qui rapporte la guerre…? Qui en profite…? Pourquoi toujours les guerres…? Et pourquoi pas la paix…! Quelle serait la différence…?

On nous montre des cadavres, des maisons qui brûlent, des tanks, des voitures qui explosent, des enfants qui font la guerre avec de vrais fusils, des médias et des journalistes filmant sans cesse des guerres, des décorés de guerre, des héros de guerre, même d'un moment, des armes les plus perfectionnées, la nature déchirée, la mer souillée, les oiseaux, les arbres morts sous la flamme ou par l'énergie atomique, les avions explosant dans le ciel ou détruisant au sol toute matière.

S'il y avait tout simplement des civilisations issues de leurs nations vivant dans leur pays, des enfants jouant à la balle, des fleurs que l'on irait admirer, des maisons belles à vouloir y vivre, des fleuves et des rivières remplis de poissons, une montagne agréable. Ne plus voir mourir de faim un enfant. La pensée de l'homme, même lorsqu'il crie à la paix, n'a jamais été aussi solidaire et complice de la guerre. Même le plus courageux, bravant les frontières pour aller donner à manger à un mourant, entretient malgré lui-même la guerre, la faim, la misère car il faut savoir que lorsqu'un bienfaiteur franchit une frontière pour donner un morceau de pain à un mourant, le Maître des lieux reçoit ou est reçu en tout bien tout honneur par les représentants de ceux qui tendent la main.

Ce qui veut dire.

La formule magique d'assistanat ne pourra durer éternellement car il faut accepter que des sociétés riches devenues pauvres, donnant toujours plus à des sociétés plus pauvres, deviendront elles-mêmes très pauvres, affaiblies et livrables à toutes haines et passions aveugles.

Il n'est nul besoin de l'expliquer davantage. Il n'est nul besoin d'expliquer aussi les conséquences de l'immigration sur notre vie au quotidien.

Les loups, qui mettront à feu la Terre, seront toutes les personnes qui ne voudront plus mourir de faim, qui ne voudront plus être des exclus, qui ne voudront plus se vendre, qui ne voudront plus être des assistés, qui n'accepteront plus d'être achetés, qui ne voudront plus se faire violer, mais également ceux qui veulent acheter qui veulent violer, qui veulent vivre sans travailler, qui veulent s'accaparer de tout, même de ce qui n'existe plus.

Les conséquences seront identiques dans toutes les sociétés. Elles sont et seront le reflet de la culture, des traditions, de l'éducation, du souvenir, de la mémoire, de l'ethnie , de la spiritualité sensible, de l'action en tout genre.

INTRODUCTION

2° Conclusion

Le futur aura la charge et le devoir d'introduire dans la pensée universelle une table de lois et la connaissance universelle afin que la philosophie universelle puisse accomplir ce que la philosophie terrienne n'a jamais pu faire :

« Permettre à tout être de la Terre de s'épanouir dans une paix universelle où chacun, chacune pourra accomplir sa tâche quotidienne qui consistera à vivre tout simplement. »

Il ne saurait y avoir un futur dans la guerre, la famine, la torture, l'esclavage.

Ces fléaux ne peuvent indéfiniment ternir le monde terrien si l'on veut encore oser s'appeler un *Être Humain.*

La connaissance universelle, dans un contexte de désintégration de la sensibilité négative, permettra à la spiritualité sensible de franchir le pas qui fera accéder au summum de la beauté la *Race Humaine.*

Mais pour cela :

> **La politique, le pouvoir, l'argent, la religion et l'homme devront subir la loi du Talion afin d'acquérir et de donner la paix sur la Terre.**

La loi du Talion reprendra à l'homme tout ce qui fut sa force et son pouvoir.

La loi du Talion rendra au centuple la souffrance donnée sous toute forme.

La loi du Talion sera le reflet du genre humain sur la Terre.

La planète Terre et son univers ne pourront accepter indéfiniment le sang et la putréfaction de toute l'ignominie du genre humain.

À suivre…

***

L'apocalypse représentera à elle seule tous les maux de la Terre, de l'univers et de l'être. La terre brûlée, la mer déchaînée, la montagne retournée, la colère des éléments, seront les conséquences inévitables d'erreurs accumulées depuis très longtemps.

Le symbole représente surtout l'oubli de ceci :

La Terre et l'univers n'appartiennent pas à l'homme.
La colère du temps sera le réveil certain de la connaissance et la fin de l'ignorance.

À suivre...

* * *

Il ne sera pas nécessaire de se plonger ou de se replonger dans le passé. Le présent à lui seul vaudra toute l'éternité. Les hommes d'aujourd'hui dans l'alliance économique, politique, religieuse, fraternelle, ne pourront rien changer de ce qui va se passer par rapport aux conséquences de l'immigration clandestine, de l'assistanat ininterrompu, de la négligence envers la science, de l'aveuglement envers l'emploi ou le service des armes, dans le sens même de la recherche vers une paix universelle.

Des nations, des sociétés, des états, des royaumes, des peuples, qui acceptent ou ferment les yeux sur tous les maux qui affligent la Terre, sont aussi responsables et coupables les uns que les autres. Sur la planète Terre dans sa totalité, les politiques, toutes ethnies confondues, se sont donné la main en connaissance de cause, en jouant les aveugles, en faisant les sourds, en restant muets sur les tueries, les ravages, les massacres, les destructions, les dépotoirs, les dilapidations de tout ce qui concerne la matière, les hommes, la vie, la mer, la nourriture, les terres, les fleuves, les montagnes, des rivières, des peuples, des villes, des civilisations. Elles sont toutes coupables de la destruction systématique de la planète Terre dans le seul sens et la seule vérité qui consiste à ce que des nations soient amies des nations, qui elles-mêmes sont ennemies avec des nations, mais dont les nations ennemies de nations ne sont pas ennemies des nations. Les ennemis d'un jour se rencontrent pour devenir ennemis à nouveau. Les amis d'un jour sont devenus les ennemis. Les amis des ennemis sont devenus des ennemis des ennemis amis des amis etc.

Pour résumer ceci.

Toutes les nations, peuples, sociétés, de toutes religions, ethnies confondues ont toujours eu l'occasion soit de se rencontrer, soit de se faire représenter, soit d'accompagner et vice versa.

Sur la planète Terre, les politiques quelles qu'elles

soient, d'un moment de leur histoire même très courte, ont toujours su parfaitement ce qu'elles faisaient ou allaient faire, comme les voisins des voisins savaient parfaitement ce qu'ils feraient, comme les ennemis des voisins ou amis des autres connaissaient toujours les ambitions sous toutes formes.

La planète Terre dans une poudrière prête à exploser est la culpabilité de toutes les politiques mondiales. Aucune société ne s'est battue pour la paix ou pour décourager la guerre, aucune société ne s'est vue refuser des armes pour ne pas combattre même si elle désire rester neutre, une neutralité c'est également fermer les yeux tout en acceptant la guerre, la politique économique étant une des forces les plus importantes du moment. Une société qui ne se bat pas pour la guerre ou qui se bat pour la paix n'existe pas.

Des sociétés démocratiques ou de constitutions acceptant l'immigration sont coupables de guerre. L'immigration est toujours issue soit d'un combat pour vivre soit d'une guerre perdue. Accepter l'immigration quelle qu'en soit la forme, c'est fermer les yeux sur cette guerre ou accepter les yeux ouverts cette guerre ou combat, mais jamais l'obliger à cesser en ordonnant tout simplement aux fuyants de rester chez eux afin de conquérir leur dignité et leurs droits. Mais d'une façon ou d'une autre rien ne peut se faire, ni la paix ni l'arrêt d'une guerre, l'armement et son utilisation étant une des forces économiques les plus importantes.

L'armement est un élément et un facteur qui consiste à entretenir la guerre et par conséquent accepter l'immigration, la fuite, ou bien faire vendre par un intermédiaire ou par personne interposée des armes afin que du matériel puisse s'écouler, trouver son utilisation et permettre le cas échéant l'amélioration ou la performance des armes, car il faut bien accepter qu'une guerre entretenue ou emmenée commence par la vente ou l'achat de l'arme. Pour cela, il faut des preneurs, des acheteurs et des vendeurs. La planète Terre est un cercle vicieux où les uns vendent pour que les autres achètent pour revendre. Une guerre s'arrête, une autre recommence.

La politique est le deuxième élément pour favoriser, encourager, provoquer ou entretenir une guerre. La politique est le moyen d'encourager la chute ou le renversement, la déstabilisation ou l'éclatement d'une société soit en provoquant une guerre, une révolution soit l'anarchie, les unes ou les autres faisant obligatoirement le jeu pour faire circuler les armes... Point... Et la ronde continue...

Nos immigrés dans tout cela servent d'appâts ou de pigeons. Les sociétés, acceptant par l'encouragement des politiques, l'immigration de toute sorte, manipulent les associations, les aides humanitaires, les médecins sans frontières, afin que la couleur du drapeau suivant les circonstances soit bien mise en évidence, afin qu'automatiquement soit blanchie la société même qui vend les armes ou fait vendre les armes pour faire tuer, et qui envoie des guérisseurs afin d'essayer de sauver ceux qu'ils viennent d'assassiner ou de faire assassiner. Il en est de même pour l'aide humanitaire.

Quoi de plus noble pour des civilisations, des sociétés, de créer ou de faire participer les populations dans des aides humanitaires afin que ne puissent pas mourir trop vite ceux qui sont déjà considérés comme morts. *Car il n'y a pas de miracle.*

Il faut savoir que, dans certaines circonstances et dans certains pays, on entretient l'aide humanitaire, soit par les actions, soit par les télévisions, en nous montrant image par image, horreur après horreur, la mort lente et sûre d'enfants et de femmes qui sont si maigres, si affamés que l'on se demande comment ils peuvent encore tenir.

Le plus grave n'est pas de savoir comment ils peuvent tenir, mais comment et pourquoi des politiques mises en place dans ces pays acceptent que des civilisations puissent regarder comme un bon ou mauvais feuilleton la mort abominable de ces citoyens.

Comment des sociétés qui agissent en aides humanitaires peuvent accepter de voir, de recevoir, de fermer les yeux, ou simplement par le consentement muet, encourager et accepter cette mort.

Comment des sociétés dites humanitaires, ont le courage de fabriquer des armes, de les vendre, même à leurs pires ennemis pour faire tuer, assassiner dignement en agitant le drapeau si dans le même temps elles laissent agir des dictateurs sans impunité qui violent vingt-quatre heures sur vingt-quatre les droits de l'homme vainement et hautainement annoncés, déclarés sur la planète.

Comment des civilisations peuvent-elles rester silencieuses devant l'abject...

Il n'est nul besoin d'aller très loin.

Les droits de l'homme, comme les constitutions sont des joujoux car il faut bien qu'un nom serve à quelque chose, même si c'est dans le vide. Il faut bien que les courageux, les vrais, accomplissent le devoir de ceux qui n'en ont pas le courage et pourtant qui ont tous les moyens pour l'être.

Il faut bien que se justifient les colloques pour savoir ou s'entendre dire : au fait, qu'allons-nous faire ? Comment arrêter la guerre ? Allons-nous arrêter ces massacres ? Une réponse : votre bénéfice sur l'armement est-il important ? Vous avez essayé nos nouvelles technologies… Formidable… ! Si ça continue, nous n'aurons même plus besoin de pilotes… il suffira d'appuyer tranquillement sur un bouton, douillettement allongé dans un fauteuil, peut-être même pourrions-nous regarder un film pornographique (c'est tellement à la mode et c'est si bien) pendant que dans le même temps le bouton actionné provoquera mille morts et plus, des destructions en plus, des larmes et du sang… bon… alors... à la prochaine réunion et tout continue... et tout recommence...

Pendant ce temps, l'immigration, avec son flot de vices et ses fléaux, entretient allègrement les journaux, les dialogues, les associations, qui se multiplient comme les petits pains grâce au miracle de Jésus, les aides se multipliant et pourtant chaque jour nous avons un peu plus faim. Chaque jour se suicident nos vrais enfants. Chaque jour des familles éclatent et implosent dans la violence et la mort. Et la roue tourne…

Il faut savoir et accepter, reconnaître et admettre, que rien ne va plus. Les jeux sont faits. La planète est malade. Les sociétés sont devenues menteuses à longueur de journée. Les politiciens, les religieux, les fanatiques, les dictateurs, sont au quotidien ce que la poubelle de la rue est à la visite au quotidien de nos clochards.

Par le biais de l'aide humanitaire, par la grâce des aides sociales, par la complaisance de politiciens grassement entretenus, par un truchement de circonstances qui passe par un fanatisme religieux à un débordement ou d'excès de violences d'un pays à un autre, des civilisations issues de leurs propres terres et en paix se voient jour après jour, heure après heure, acculées au banc des accusés, poussées au-delà de leurs propres frontières, substituées dans leurs droits, et destituées de leurs propres identités.

Il faut savoir et accepter

Même si cela ne fait pas plaisir à certaines personnes que l'immigration du passé n'est pas l'immigration du présent, mais que celle du présent n'est qu'une grande fumisterie où seuls l'argent et le pouvoir ont leur vraie raison et où le profit qui en résulte est la seule conviction.

Il ne faut pas être intelligent, il ne faut pas être doué, ni aveugle, pour voir chaque jour notre société se confondre en un amalgame de couleurs, pour s'apercevoir qu'une couleur unique ne retrouve plus sa place.

Chaque jour nous sommes confondus et désappointés par la quantité d'abus exercés sur notre propre devoir civique qui consiste à saluer et à dire merci en soulevant le chapeau ou en s'inclinant légèrement. Cette mode est dépassée car le code civique se résume à des mots vulgaires, le salut au bras d'honneur, et le respect à une réponse bien souvent obscène.

Plus grave... et cela concerne toutes les sociétés actuelles plus ou moins pensantes mais le résultat est le même. Des pays entiers sont désertés, abandonnés à la vindicte dictatoriale, criminelle et sadique, royalement encouragée et entretenue par les autres sociétés qui reçoivent à flots les immigrants de tous bords.

Car il ne faut pas oublier qu'un pays déserté et abandonné perd au fil des temps de sa force, de sa beauté, aussi bien par le travail de la matière que de la nature. L'abandon est dangereux car il se passe toujours et obligatoirement un rejet de la nature dans sa propre existence.

Il faut savoir et accepter qu'avec le temps, par la grâce des religions pour qui la multiplication des sujets en surabondance est la sauvegarde d'une ethnie et sa régénérescence et peut devenir un danger, non pas pour la terre en elle-même, mais pour les véritables occupants de cette terre.

Il ne faut pas oublier que des populations abandonnant leur propre terre sans courage de combat, sans honneur de survie, ne peuvent pas un jour devenir courageuses et d'honneur sur une terre qui leur donne tout avant même qu'elles soient arrivées.

Dans le sens où, avec le temps, un pays d'occupants devenu occupé, risque avec le surnombre et la mauvaise qualité des lois et politiques, de devenir une terre abandonnée, épuisée et inacceptable, non pas pour les immigrants, mais pour les véritables occupants de la terre.

Il faut savoir et accepter, qu'une ethnie est une mémoire. Une mémoire est inviolable et fait partie intégrante de l'histoire du temps et de l'espace temps d'un passé au futur.

La honte et le déshonneur ne peuvent rejaillir que sur les

occupés, ceux-là ayant acquis par la mémoire le courage de travailler la terre, mais devenant par la force des choses et à travers les lois démocratiques, publiquement soustraits de leur propre courage.

Il suffit de regarder autour de soi.

Les sociétés ont faim. Les enfants naissent. La terre est toujours à la même place, et pourtant personne n'est heureux. Qui pense à construire un futur, alors que chaque jour s'ajoute un assisté ? Alors que chaque jour s'ajoute un clochard et un sans-abri parmi les autres. Alors que chaque jour les femmes, les filles, les enfants se vendent jour après jour un peu plus pour avoir un semblant de vie, un peu d'argent. Alors que chaque jour meurt un drogué de plus. Des tonnes et des tonnes de drogues sont saisies, mais pourtant chaque jour il y en a un peu plus. C'est une ronde infernale.

Les sociétés sont malades de vivre, mais pourtant il suffit de mettre en marche une télévision, d'avoir un téléphone, de rouler en voiture, de faire de la bicyclette, d'aller se promener. Il faut savoir cela mais le résultat... tout bien acquis se fait au détriment d'un autre acquis... C'est une richesse mal cachée par la misère... ou si vous préférez, c'est la misère protégée par un semblant de luxe…

Chaque jour, la vie au quotidien nous le montre. Le luxe et la luxure… tout est facile… tout est beau… Il y a les films, les feuilletons, les émissions, les radios, les chansons, la mode, les gens, les journaux, même à sensation. C'est le bonheur !!!

Et pourtant… Il suffit d'observer attentivement les choses, d'approfondir les éléments, et vous vous apercevrez que tout est camouflage… ou leurre… (il n'y a pas qu'à la guerre qu'il y a des leurres). La vie au quotidien en est un. La télévision principalement nous montre et se pavoise entre ses vedettes, des vedettes et toujours des vedettes, mais entre des vedettes, de temps en temps, mais quand même bien choisie, une vérité sur la souffrance et la misère au quotidien, mais bien vite chassée entre deux pubs… Merveilleux… Déjà on a oublié que quelqu'un venait de pleurer. La pub c'est la pub, la télé est une pub, les sociétés sont des pubs, les politiques des pubs, les religions des pubs, l'économie une grosse pub qui fait oublier la vraie misère lorsque l'on montre un heureux gagnant à un jeu… bravo.

Alors pourquoi s'apitoyer, pourquoi se lamenter, pourquoi s'en faire…?

Il faut savoir et accepter que la vie ne s'arrête pas à une pub même si la femme est nue, mais au contraire habiller la vie, afin qu'elle soit en harmonie avec le sens réel de la psychologie qui est l'élément de base de la sensibilité, qui fait qu'un être peut être pleinement heureux même en regardant un jour une pub…

Mais cette pub ne sera pas faite pour cacher une larme ou un oubli.

CHAPITRE 11

Le futur

INTRODUCTION

Le futur aura la charge et le devoir dans l'accomplissement des Écritures, d'apporter la réponse essentielle qui permettra à tout être humain de s'engager vers la voie de la paix qui sera la seule issue pour "La Vie".

Le chemin de la paix universelle sera jalonné de la puissance et de la force issues de l'intelligence suprême.

Cette puissance et cette force seront transformées le temps de l'apocalypse en une arme indestructible dans la maîtrise de la matière et pour l'avènement du futur.

La *France* sera dépositaire de cette arme jusqu'à la pacification et la planification de toutes les sociétés existantes de la planète Terre.

Cette arme particulière, alliée de la matière et avec la matière, rendra à la Terre, à ses habitants, à la nature et à la création, sa pureté originelle.

Cette arme particulière porte un nom précis, une origine précise.

La *vérité,* lorsque celle-ci sera portée à la connaissance du monde, donnera une espérance nouvelle, profonde, et la certitude absolue que le monde en réalité commencera *à vivre et à naître.*

Jusqu'à ce jour, aucun être humain n'a su ou n'a pu présenter en ce monde une politique de paix et une espérance de vie dans la paix... la vraie... la seule... l'unique... qui interdirait à jamais le port de l'arme même pour rire.

Le futur est à construire dès aujourd'hui.

En lecture de ces Écritures, la destruction de la matière a commencé depuis un certain temps.

Cette destruction sera de plus en plus visible, à chaque fois plus violente et plus compréhensible.

Cette destruction sera la révolution planétaire qui anéantira des siècles d'histoire et de tueries.

La mémoire ne gardera en souvenir que la beauté du passé à travers la pierre sculptée, travaillée par la main de l'homme et perpétuée par le chant de l'oiseau qui remercie Dame nature de sa beauté et de sa bienveillance.

La révolution planétaire sera nécessaire, justifiée, afin que la paix soit - sur la Terre-.

L'univers et la force invisible seront les alliés puissants de l'Arme particulière qui utilisera ses pouvoirs pour annoncer *le futur, la création et les grands travaux.*

Il appartiendra à la *France,* lorsque le nom de cette arme sera connu, reconnu et incontestable, d'entreprendre les grands travaux de la reconstruction et d'être le dépositaire de la paix future sur la Terre entière.

La pierre écarlate représente par sa luminosité et ses couleurs l'espérance de demain ainsi que la découverte par ses particules colorées et visibles de "*la lumière intelligente, spirituelle, sensible de l'avenir*".

Ce sera à l'homme d'aujourd'hui de comprendre que demain sera le grand jour...

Car la lumière, par ses particules colorées, intelligentes, sensibles, actives, apportera l'opacité dans la clarté pour illuminer le nouveau chemin que tout être devra emprunter.

Ceci sera expliqué profondément lorsque la *France* sera dans l'obligation de protéger, de garder et d'explorer les *futurs grands travaux de la paix.*

Néfertiti

* * *

A travers cette pierre Éternelle symbolisons le futur

* * *

Le futur dans sa construction sera par la destruction du présent la réhabilitation de l'humanité tout entière. Elle sera aussi la réconciliation du passé et du présent, non pas dans le souvenir, mais à la recherche du pardon et à la reconquête de la dignité innée à la naissance de tout être.

La réhabilitation et la réconciliation ne seront pas un cadeau au présent mais un honneur pour le futur. La réhabilitation de l'humanité se fera dans la reconstruction tout entière de la planète.

La reconstruction de la planète sera la destruction dans sa totalité de toutes les formes de sociétés existantes, de toutes les politiques créées et pratiquées plus ou moins bien par les êtres humains. La destruction se fera dans la nature, par la nature, avec la nature. La destruction de la matière dans la matière et avec la matière sera l'anéantissement et le rejet de la structure universelle dans la construction et l'élaboration de toute forme issue de particules visibles ou invisibles, elles-mêmes faisant partie intégrante de la matière dans la matière visible ou invisible. La destruction de la matière dans la matière sera la force et l'arme suprême qui anéantira et détruira la convoitise qui a fait de l'homme, un être humain rejeté par la matière blessée dans sa sensibilité.

La matière blessée est tout ce qui représente la Terre et l'univers.

Nul être humain ne pourrait en ce jour offrir un morceau de terre, une brindille d'herbe, une goutte d'eau dont la pureté ferait rejaillir la satisfaction tant désirée ou recherchée.

Nul être humain ne pourrait en ce jour offrir un coin de ciel bleu où la pureté d'une lumière pourrait transpercer et éblouir l'univers de sa beauté.

Nul être humain ne pourrait en ce jour offrir ou montrer une création, un objet né de la beauté des sentiments ou de la richesse de la matière. La matière dans la matière, blessée jusqu'au plus profond de sa sensibilité et de son intelligence prouvera et donnera à l'homme, dans la destruction, l'image de la grandeur passée et l'horreur de la décadence présente.

La grandeur passée est l'héritage offert à l'homme depuis des siècles à travers la nature, ses richesses, ses matières : les rivières, les lacs, les mers, le sable, les coquillages, les glaciers, les montagnes, les arbres, les plantes, les fleurs, les cascades, la pierre, tout ce qui fait la richesse et la beauté de la nature.

Cette terre d'héritage fut intacte, non polluée, respectée, travaillée, transformée en bien, enrichie, entretenue par le travail et le courage d'hommes amoureux de la terre. La pierre aimée et travaillée. Les animaux, même si parfois ils étaient chassés, n'avaient pas donné lieu à des massacres et des disparitions d'espèces que nous connaissons actuellement.

Aujourd'hui, il n'y a plus d'héritage.

La terre à travers la matière est blessée, sacrifiée, mutilée, détériorée, détruite, saccagée. Dans tous les continents, il n'existe plus un coin de terre où un être vivant ne puisse s'épanouir sans crainte. La planète Terre est recouverte de particules acides, négatives. La poussière et l'atome sont devenus, à cause de la main de l'homme, de minuscules ou d'invisibles bombes chimiques ou nucléaires, s'éparpillant au gré du vent et des tempêtes, avec la pluie ou par les ouragans, sur tous les continents, les mers, les océans, dans le ciel et l'univers.

Cela est notre héritage.

La terre, la matière blessée par l'intelligence suprême de la matière invisible, en alliance avec la matière visible et par l'intermédiaire de la connaissance universelle va reprendre en grande partie ce qu'elle avait donné à l'homme.

L'intelligence suprême, par la destruction de la matière, donnera et fera que l'exemple de la pureté n'est pas un vain mot, mais le sens réel de la beauté et de la sensibilité, de la spiritualité sensible et de l'élévation.

La destruction de la matière se fera dans le sens où l'homme ne pourra plus prendre ce qui lui avait été offert. L'univers dans la structure invisible des particules sera la force dominante dans la destruction de la matière et des particules visibles. L'univers et la Terre, dans la structure universelle de la matière dans la matière, sont les liens invisibles qui relient dans l'espace, le temps et l'atome, la force et la vie, la lumière et la création. Les particules visibles et invisibles, par le lien irréfutable de la matière, de la Terre à l'univers et de l'univers dans l'invisibilité de l'infini et de l'absolu, seront unies en une seule force pour reprendre ce qu'elles avaient donné.

La matière blessée, dans sa force et son combat, et par l'intelligence suprême des particules invisibles ou visibles, feront l'alliance dans l'absolu. Toutes les constructions, les métaux, les bâtiments, les jeux électroniques, les ordinateurs, la chimie, la biologie, les recherches scientifiques, le progrès, le téléphone, les machines, les voitures, en un mot tout ce qui a été créé ou imaginé par la main de l'homme, ces matières se retourneront contre leurs créateurs. De la fusée à l'avion, du train à la navette spatiale, du micro-ordinateur, au dernier modèle le plus sophistiqué, ces merveilles deviendront, par l'intelligence suprême, des jouets et des gadgets pour des enfants mongoliens super intelligents.

<u>Pour résumer ceci.</u>

La matière dans la matière, par les particules visibles et invisibles, colorées ou non colorées, dans la destruction et par l'intermédiaire de la connaissance universelle ne fera de toutes les créations de l'homme que des jouets détraqués ne répondant plus aux commandes, s'enrayant ou s'arrêtant, tombant du ciel ou sortant de ses rails. La matière issue de l'homme sera tout simplement remplacée ou destituée par les particules invisibles ou visibles qui reprendront en main les calculs et le programme de l'homme afin que plus rien ne puisse fonctionner dans l'ordre, où tout sera faussé et dans le désordre, où toute commande ou action ne répondra plus aux ordres, même programmés.

La matière dans la matière et avec la matière n'aura plus aucune obéissance en fonction de ce pourquoi elle a été fabriquée. La matière invisible dans son existence invisible entrera dans la phase active, négative et destructive. Les océans, les mers, les montagnes, les rivières, les lacs, par l'intelligence suprême se retourneront contre l'homme. Les particules invisibles et visibles en alliance dans la force suprême feront de la nature un élément apocalyptique détruisant, débordant, renversant, explosant dans tous lieux, tous continents.

Les océans, les mers bafoués jusque dans leurs profondeurs se soulèveront afin de détruire et de reprendre ce que l'homme a créé pour son image sans respecter son environnement et tout ce qui l'entourait. Les montagnes saccagées, violées au plus profond de leurs mystères s'ouvriront dans une violence pour engloutir et reprendre la vie qui n'a pas su respecter la propre existence et la virginité des montagnes.

La terre souillée au plus profond d'elle-même reprendra dans la destruction par l'explosion les matières extraites de son sol. Les bâtiments, les monuments, les constructions, faits en toutes matières, les ponts, les barrages, les routes ; tout ce qui a été fait par la main de l'homme, s'auto-détruira.

La matière dans la matière agissant avec l'intelligence suprême des particules invisibles et visibles par l'intermédiaire de la connaissance universelle destituera et détruira toutes matières et métaux utilisés ou travaillés par l'homme. Tout s'écroulera comme des châteaux de cartes. Tout s'effritera ou tombera en poussière.

La matière dans la matière par l'intelligence suprême des particules visibles ou invisibles, reprendra la vie, cessera la vie. Les arbres, les plantes, les animaux ; tout ce qui est vie végétale ou animale reprendra ses droits. Par l'intelligence suprême de la matière invisible dans la matière et la sensibilité blessée, tout se multipliera ou décroîtra.

La végétation deviendra une faune sauvage et agressive ou se suicidera. Les animaux se multiplieront, agiront en quantités destructives ou feront le suicide collectif afin de se soustraire à l'homme ou de lui rendre justice.

Depuis toujours, mais surtout au présent, l'intelligence de l'homme s'est toujours crue supérieure à toute chose. Aujourd'hui, par le biais d'une science et d'une technologie, matériellement et techniquement supérieure au passé, l'homme a cru pouvoir se permettre d'ignorer, d'oublier qu'avant lui et avec lui vivaient et s'épanouissaient les éléments qui lui ont permis de vivre, de progresser, de respirer, de comprendre et de voir, d'avoir, de multiplier, de prendre.

Mais il a oublié que pour prendre ce qui lui était offert, il fallait avant tout savoir apprécier, mais surtout remercier en préservant, protégeant, aimant et s'occupant de tous les dons de l'univers. L'animal et la végétation, l'eau et la pierre, la matière et les combustibles ne sont pas l'apanage de l'homme, mais la création de la matière dans la matière de la structure universelle par l'alliance suprême de la beauté, de la spiritualité sensible et de l'élévation envers toute chose et pour toute chose. L'homme dans sa gourmandise et convoitise a tout simplement oublié que toute bonne chose a une fin, surtout si l'exploitation et le rendement, l'assouvissement et la possession deviennent des abus, des excès, des violences au détriment non seulement de la nature et de ses bienfaits, mais également de lui-même.

La matière blessée au plus profond de sa sensibilité provoquera, et fera de la Terre, par le biais des êtres humains une bouilloire explosive qui brûlera définitivement et pour toujours l'intelligence de l'homme. L'intelligence brûlée de l'homme ne sera ,par le rejet dans ses actes, qu'un désir ardent de ne plus jamais connaître la guerre, la misère, la faim, l'horreur.

<u>Car il faut savoir.</u>

L'humanité, à travers ses siècles, son histoire, ses époques, ses religions, ses politiques, ses traditions, ses ethnies, a eu la mémoire très courte en fonction du moment. Le présent, par la richesse de sa technologie, par le rappel sans cesse évoqué à travers les livres, les films, les ordinateurs, la science, les mauvais moments de guerre, à travers ses monuments en mémoire des morts et des martyrs, par des colloques sans cesse multipliés à travers la planète, n'a fait que refaire ce qu'il prétend, même à vouloir oublier et effacer les tragédies et souffrances vécues car les sociétés actuelles, même en regardant ou en priant dans le souvenir la mort dans la guerre de leurs parents, font la même chose mais différemment de ce qu'ils veulent oublier. Pour cela, la matière dans la matière, dans la destruction et l'explosion de toute chose, la mémoire sera définitive. L'homme, à travers son intelligence, ne désirera plus jamais faire la guerre ou faire semblant d'arrêter une guerre.

L'homme, dans sa mémoire, fera de la technologie non pas une arme sophistiquée pour mieux agresser, mais une amélioration de la vie au quotidien envers toute chose. L'apocalypse, qui sera le règne d'un instant sur la Terre et dans l'univers, se fera dans un temps très court. Mais cette force particulière fera en sorte que le passé et le présent seront balayés, rasés, effacés afin que le futur devienne l'espérance et l'espoir d'un jour nouveau.

L'homme doit savoir que la matière dans la matière, dans l'alliance suprême de l'intelligence des particules invisibles et visibles détruira pour construire. Cette destruction pour la reconstruction sera le pardon de l'humanité. Ce pardon provient uniquement de personnes sensibles dont la vie au quotidien a permis d'offrir dans une générosité pure la simplicité même de l'existence car l'humanité dans ses erreurs, a su trouver des généreux même si ces personnes étaient les plus démunies. La vraie générosité ne provient jamais de ceux qui possèdent la richesse. Car posséder la richesse et être généreux, c'est tout simplement s'offrir la revalorisation de sa personne et non pas montrer une âme généreuse. La vraie générosité vient essentiellement de gens pauvres ou limités dans leurs richesses, qui ont su partager ou donner, même ce qu'ils ne possédaient pas, afin de soulager une misère rencontrée, ou tout simplement honorer par le geste la sensibilité et la spiritualité sensible.

Le pardon ne viendra que de cela afin que l'humanité dans sa totalité comprenne que la vraie noblesse est toujours issue de sentiments et non pas de la quantité d'écus entreposés dans un coffre. L'humanité connaîtra par la destruction de la matière, la plus grande misère que nulle société au monde, même de la plus petite peuplade, n'ait connue à ce jour.

Il faut savoir qu'en ces temps modernes où la décadence et la régression, l'asservissement et la prostitution au sens figuré comme au sens propre, où les trafics en tout genre sont au quotidien ce qu'est le grain de poussière à l'atmosphère, ne sont dus qu'à la forme politique économique, civique, religieuse, associative etc., manipulée, distribuée, soudoyée, achetée, vendue, par l'argent, pour l'argent.

L'apothéose de la vie au présent, l'honneur au présent, la gloire au présent, le courage au présent, le sentiment au présent n'ont leurs valeurs, leurs vrais sens que si vous possédez de l'argent, si l'on vous donne de l'argent ou si vous allez avoir de l'argent. Sans argent au présent, l'honneur n'a plus de sens ni de raison, sans argent, un être humain ne peut plus exister sauf s'il mendie son morceau de pain.

Les sociétés du présent ont fait en sorte que la vie, l'honneur, l'amour ne peuvent être un acquis et une liberté un droit, que si vous possédez l'argent et quelle que soit la manière dont vous gagnez cet argent. Le reste fait partie de l'exclusion, de l'inexistence, de l'indifférence-même, jusqu'au mépris.

L'intelligence suprême, en alliance avec la matière blessée, par la destruction de la matière dans la matière, fera en sorte que l'humanité ne puisse plus assurer ses besoins grâce à l'argent.

Les matières utilisées, les produits utilisés, les machines utilisées, substitués dans leurs travaux par les particules visibles et invisibles de la matière blessée, rendront toutes formes de travail impossibles, défigurées ou transformées. Aucune matière palpable, visuelle, matérielle, n'aura de sens ni de valeur. Les richesses accumulées par les tableaux, les porcelaines, les matières travaillées ou sculptées, perdront, par la destruction de la matière, leur beauté.

L'intelligence suprême et la matière blessée détruiront par la convoitise ce que furent l'honneur et la richesse d'un passé. La destruction de la richesse d'un passé ne se fera pas en fonction des intelligences sensibles créatrices de ces objets et œuvres d'art, mais par la forme d'acquisition actuelle, par l'éparpillement de certaines richesses dont la beauté et la valeur ne sont plus représentées que par la quantité d'argent à prévaloir ou à soutirer.

- *Plus grave* - La richesse accumulée par la beauté des œuvres d'art ne devient par la quantité d'argent que la possession d'individus ou de pays qui n'ont aucun rapport avec la personnalité et la sensibilité de leurs créateurs. L'humanité par elle-même à travers ses actes, ses formes de politiques où tout a été conçu par l'argent et avec la puissance de l'argent, va connaître et commettre son apogée dans l'horreur de ses propres excès, de dépravations, des luxures, des indécences criminelles, qui amèneront l'humanité au niveau le plus bas, le plus lâche de toute l'histoire même barbare.

La cruauté humaine sera à la hauteur de sa technologie. L'humanité privée d'argent va entraîner dans une révolte meurtrière qui va éclater dans tous les continents, s'éparpiller comme une horde de loups prêts à tout dévorer. Les sociétés actuelles bâties sur la puissance de l'argent seront détruites dans ce qui fut leurs forces. Les sociétés entretenues ou assistées par la force et la puissance de l'argent perdront ce qui fut leurs propres faiblesses. Les unes et les autres seront par la destruction de la matière dans la matière mises sur le même pied d'égalité.

L'humanité, par la puissance de l'argent, à travers ses mœurs, ses religions, ses ethnies, ses pensées, ses activités va se désintégrer. Les hommes seront poussés les uns contre les autres, dans une haine farouche et aveugle. Cette haine, entretenue depuis très longtemps, est l'accumulation d'une différence, d'un mépris, d'un rejet, d'une religion, d'une pensée, d'un acte et le tout mélangé dans un contexte mensonger, manipulé par la puissance de l'argent, étouffé par la force politique, écrasé par l'indifférence et le pouvoir qui ont fait qu'une pensée humaine ne soit que le fait de la création de l'argent, par l'argent, pour l'argent, la raison d'existence de toute forme politique, vulgaire, indécente, exécrable.

La matière invisible, visible, dans sa sensibilité blessée, par l'alliance de l'intelligence suprême et par l'intermédiaire de la connaissance universelle, laissera agir jusqu'à l'éclatement, la destruction de la matière dans la matière. Les sociétés vont

connaître, par le biais des actions humaines, des soubresauts et des moments très graves. Les humains, poussés par la peur, la faim, le désespoir, deviendront des loups qui déchireront avec leurs dents leurs propres mains. La fin justifiant les moyens, la faim justifiant les actes.

Les humains, par l'implosion, l'explosion de toutes les ethnies, les sociétés, les continents, les matières, connaîtront la vraie peur, le vrai désespoir, le seul sentiment qui poussera l'humanité à ne plus jamais vouloir une guerre ou faire la guerre. La peur, le désespoir, la souffrance seront, pendant un temps très court, le quotidien de l'humanité. Cette force suprême, destructive, sera nécessaire afin que l'intelligence qui représente par la pensée l'acte lui-même, soit brûlée pour toujours. Cette intelligence brûlée suppliera dans sa propre chair la fin des tourments.

Lorsque la chair réclamera cette fin, le pardon sera accordé.

La matière blessée ressentira le besoin de guérir, de pardonner et de permettre enfin à l'humanité de se libérer de ses chaînes, de son carcan, de sa pensée, de son désir de ne plus vouloir continuer comme par le passé. Le présent sera mort. Le futur dans la libération par les chaînes sera l'espérance, la création, l'accomplissement de ce que

furent le passé, le présent, le futur, à travers l'espace temps de l'éternité, de la structure universelle de la matière dans la matière, de la libéralisation et de la sauvegarde de la spiritualité sensible, aimante, de l'intelligence suprême active, créative, constructive, qui ouvrira la porte du savoir et de l'infini.

La porte du savoir et de l'infini sera la fin et le commencement de toute chose. La porte du savoir et de l'infini permettra de comprendre, d'apprécier et d'appliquer la table de lois de la connaissance universelle et la charte universelle afin que l'homme et la femme soient unis dans l'amour, mais dont la différence ne sera que la forme et l'élaboration même du corps et non plus la différence dans l'infériorité d'un être envers un autre.

La charte universelle par la porte ouverte du savoir et de l'infini apportera la vérité.
La vérité, à travers le mystère de la création, du savoir et de l'infini, ouvrira le secret de la conception de toute chose.

Le Secret de la conception sera la révélation à travers la matière visible de l'existence de la matière invisible, intelligente, extraordinairement belle qui sera donnée à être vue et comprise par les particules colorées visibles et invisibles se déplaçant dans la matière à travers la sensibilité et avec la sensibilité des yeux, des couleurs, de la lumière.

La révélation de la matière, dans sa sensibilité et son intelligence, apportera à l'être le désir et l'honneur de recevoir et de garder au-delà même de l'existence le souvenir impérissable et la beauté inégalable de la matière dans ses formes et ses déplacements, dans ses conceptions et les créations qui seront par son intelligence la présence visible de la matière invisible.

La révélation de la matière en vertu de la connaissance universelle, permettra à l'être de se découvrir, de se connaître et de comprendre qu'il ne peut y avoir de différence pour une supériorité ou une infériorité dans l'élaboration et la création de toute chose. La conception de la vie est l'une des plus importantes, sinon la plus grave et la plus noble.

Donner la vie, c'est apporter à l'existence la raison même du pourquoi. La raison est l'élément capital qui fait de la pensée de l'être son élévation, mais il ne peut y avoir d'élévation sans la compréhension, sans attitude et sans le désir de savoir et de comprendre.

La révélation permettra à l'être dans le futur, et pour toujours, d'accomplir dans la compréhension, l'aptitude nécessaire à tout travail, même le plus dérisoire. Il ne saurait être à connaître sans la raison.

La charte universelle sera l'aboutissement et l'éclatement à travers la pensée et l'action de l'être pour amener l'amour au sublime et à la beauté. L'amour commence par le respect, et le respect dans l'ignorance ne saurait accomplir à travers l'existence le seul acte véritable qui unit les êtres pour la création et la conception de toute chose ou envers toute chose.

La révélation sera dans le futur la porte ouverte à la science, à la matière, à la connaissance, aux sentiments, mais surtout la connaissance, afin que les êtres puissent mieux connaître et apprécier l'élaboration et l'harmonie dans les sentiments, la joie apportée ou partagée.

La charte universelle sera écrite en fonction des sentiments, de la connaissance, de la science, de la matière, de l'invisible, du visible.

L'homme et la femme dans la conception de la matière et par la matière ne pourront plus se rendre ou se soumettre à une supériorité ou à une infériorité. La connaissance apportera la preuve irréfutable et pour toujours, que la conception de la vie et dans la création ne peut-être indivisible l'un et de l'autre. Le futur apportera par la révélation la joie et le bonheur de la vérité qui permettra et honorera dans la dignité et la vertu la noblesse des sentiments, la grandeur de l'acte d'amour, la joie partagée qui auraient dû au départ être l'existence et la vie de tous.

La révélation pour le futur par la connaissance universelle expliquera, et donnera aux êtres, la possibilité de l'existence totale en harmonie avec la nature, l'univers, les êtres, les animaux et en ôtant toute envie de détruire ou de salir ce qui sera la beauté.

La beauté ne sera plus un sentiment ou une forme qui servira d'étalage à toute forme de désir décadent, humiliant, avilissant. La beauté dans sa pureté ou l'élaboration de ses formes deviendra dans le respect un désir de protéger, de garder, de sauvegarder, d'aimer. La charte universelle dans l'écriture et son application ne pourra permettre à ce qu'un être puisse devenir un objet d'achat ou de vente pour un profit, un plaisir, une lâcheté.

La nature, dans ses droits les plus élémentaires, par la connaissance et dans la connaissance, ne pourra tolérer ou accepter toute forme quelle qu'elle soit, même minime d'un commencement d'asservissement, d'assouvissement qui amènerait un ou des Êtres à devenir des déchus au travers des sentiments, de la beauté, de la révélation.

La charte universelle permettra de connaître au plus profond des sentiments l'ultime et le seul avantage qui fera que la pensée d'un être ne pourra que donner ou rendre l'hommage.

L'hommage est un sentiment qui fait de la pensée de l'être par son acte, la noblesse même de son existence.

La noblesse dans l'existence sera l'aboutissement et l'enrichissement de la spiritualité sensible qui deviendra une élévation de la pensée dans la richesse et l'harmonie des sentiments. Cette richesse de sentiments et par l'élévation de la pensée sera l'une des plus fortes, des plus sensibles, des plus importantes. L'harmonie d'un couple pour la conception de la vie dans la richesse des sentiments pourra apporter à l'être qui naîtra la force sublime de l'existence.

La révélation donnera à l'être qui vient de naître, la possibilité de recevoir dans l'harmonie des sentiments, la culture et la connaissance dans l'épanouissement suprême de leurs créateurs. La charte universelle par la connaissance donnera l'obligation dans le devoir de secourir et d'aimer la naissance de tout être. Elle ne saurait en aucun cas accepter ou encourager un être à devenir un indésirable, un déchu avant même son existence.

La révélation dans la connaissance, le savoir et l'infini, ne pourront créer une société de déchus, d'abandonnés, de déshérités.

La Terre et l'univers sont un don pour l'être.

Il ne saurait y avoir une différence, un exclu, ou un indésirable. La révélation dans l'existence, obligera les sociétés constructives à apporter et à faire connaître aux peuples, à travers la charte universelle, la création et la conception de toute chose qui sera la base de tout.

La construction du futur sera fondée sur un exemple afin que chacun puisse puiser et réfléchir, comprendre et apprécier à travers la table de lois et de la charte universelle la force suprême de l'être à travers l'existence, la nature, la science, la matière.

La charte universelle sera écrite et comprise dans le sens où l'homme et la femme indissociables dans la conception de la vie soient pour toujours la forme même d'existence dans l'union pour l'accomplissement et la naissance de tout être. La charte universelle, en fonction de son écriture, ne pourra plus permettre à des sociétés en construction, de fonder leurs lois sur un principe de supériorité ou d'infériorité obligeant par cela la soumission, l'asservissement ou l'esclavage. La charte universelle apportera par cette force le devoir et l'obligation d'aimer la naissance.

Aimer la naissance sera l'un des éléments les plus importants du futur. La construction des sociétés par l'engagement réciproque de tous les êtres, fera que la naissance deviendra un désir et non une charge. Ce désir sera l'apprentissage pour le futur de la répartition des peuples, du refus de l'insurmontable par la quantité, du refus de la mort par la souffrance et la faim et du refus systématique de toute forme d'assistanat.

Mais au contraire l'acceptation dans une charge réciproque et dans la responsabilité et l'engagement de fonder dans l'assentiment, dans le devoir et le courage, la conception d'une vie désirée, une vie à épanouir et à grandir dans l'union harmonieuse des sentiments, qui sera le reflet de l'amour et du respect entre l'homme et la femme, qui seront eux-mêmes le reflet de la construction future des sociétés ardentes et désireuses dans un concept de vie digne et d'honneur.

Le concept d'une vie digne et d'honneur, sera la seule alternative qui sera proposée à travers la table de lois et de la charte universelle, afin que, par la répartition des peuples dans leurs pays d'origine à travers leurs ethnies, chaque peuple puisse être courageux, puisse vivre de leurs travaux, de leurs terres, de leurs matières.

La charte universelle, en application avec la table de lois de la connaissance universelle, ne permettra jamais que la naissance d'un être puisse survenir dans la détresse, avec la faim, sous la contrainte. Chaque peuple aura le devoir et l'obligation de fonder le futur sur ce principe de loi, afin que la négligence, l'abandon, le désespoir, la lâcheté ne soient plus l'apanage de toutes les sociétés existantes en ce présent.

Il ne faudra jamais oublier qu'à l'aube du troisième millénaire, pendant que le nucléaire, le neutron, l'électronique, le supersonique, la fusée Ariane, la navette spatiale nous éblouissent de leurs merveilles, jour et nuit, des hommes, des femmes, donnent naissance ou font des enfants en sachant parfaitement qu'ils mourront de faim avant même de comprendre pourquoi.

Pendant que dans le même temps, les profiteurs de ces merveilles entretiennent grassement et par le truchement de politiques extra-conjugales entre cultures et ethnies différentes, la mort lente, abominable et sûre de ces enfants à naître ou venant au monde.

L'intelligence suprême de la matière invisible alliée à la matière visible dans une alliance absolue et par l'intermédiaire de la connaissance universelle apportera à l'humanité à travers la table de lois et de la charte universelle une nouvelle connaissance qui élèvera la science et sa progression dans de nouvelles découvertes, de nouvelles données, mais surtout une pratique et une action autres que celles du présent.

La science dans ses recherches aurait pu et aurait dû apporter le bien, le soulagement dans la maladie et la naissance, comme elle aurait dû au niveau de la matière et de ses alliages apporter un bien et la paix et non la mort sous toutes ses formes.

Mort que nous connaissons trop bien grâce aux guerres qui se sont enrichies des découvertes scientifiques. La science, à l'aube du troisième millénaire, ressemble au masque à gaz qui devient, à cause de la science, la première peau à porter pour se protéger de la mort qu'elle engendre.

La matière invisible, dans sa blessure la plus profonde, fera que la science manipulée dans le désordre, sabordée et sabotée pour le profit et le pouvoir, diminuée et déshonorée dans sa force, deviendra l'arme de sacrifice et de sacrilège qui renversera et détruira l'alliage de matières, la puissance de ses atomes, la destruction de la matière dans la matière qui inversera dans le principe-même du calcul, le résultat et la résultante d'un composant ou de composants. Ce qui amènera les puissances chimiques, biologiques, nucléaires, technologiques à s'auto-détruire ou à agir comme un train à vapeur dont on aurait inverser les manettes. La science, par elle-même, dans la destruction pour la reconstruction sera une source différente et une force dans une forme diamétralement opposée à celle du présent.

L'intelligence suprême, par l'intermédiaire de la connaissance universelle dans une parfaite harmonie, fera en sorte que le futur, dans la construction et l'élévation à travers la science et la connaissance, apportera à la spiritualité sensible, une valeur et une notion totalement différentes dans l'acte d'amour pour l'incitation à la conception de la vie.

La nature, blessée dans sa conception et sa création, ne saurait élever des êtres si cela apportait à la science la seule possibilité de détruire la conception de la vie. La table de lois et la charte universelle dans l'intelligence suprême et pour l'élévation de la science dans sa découverte et sa recherche, pour une société riche de sentiments et d'abnégation, apporteront aux êtres le désir ardent de construire et de bâtir un avenir dans un contexte et une moralité, afin que le surnombre ne puisse à nouveau apporter un déséquilibre dans les sociétés.

La découverte et la recherche apporteront de nouvelles formules, connaissances, qui partiront d'un principe de pureté acquis par une nouvelle notion de la qualité et de l'existence dans la nature d'ingrédients et d'éléments qui permettront par des calculs précis, des mélanges et de différentes façons d'apporter des remèdes efficaces, dont la nocivité ne sera pas à craindre.

Mais au contraire, la nature dans sa richesse alliée à la matière créative, constructive fera découvrir des richesses insoupçonnées, particulières, qui feront de la science une médecine et une aide totalement différentes et connues à ce jour. L'humanité a su trouver des remèdes et bien des choses dans la chirurgie pour guérir et soulager, mais cela n'a nullement arrêté ou éliminé définitivement des maladies séculaires ou nouvelles dont la rapidité foudroyante, la longévité ou la guérison impossible devient le souci quotidien de toute l'humanité.

La science d'aujourd'hui dans ses progrès a bien réalisé des miracles si nous employons ce terme. Mais combien de maladies survenues depuis plusieurs décennies et toutes récentes sont graves, mystérieuses, complexes et détruisent systématiquement la forme-même de l'être humain.

L'intelligence suprême de la matière invisible, alliée à la matière blessée et dans la reconstruction par l'intermédiaire de la connaissance universelle, apportera au futur par la porte du savoir et de l'infini, la solution et la guérison absolue de ces maladies dont certaines porteuses du fruit du déshonneur et de la honte.

La guérison et la force de l'être reviendront en même temps que la nature dans son action créative, active et constructive, ouvrira les mystères de la nature.

La science sera le futur.

Car elle sera inexorablement liée à la nature, à la structure universelle de la matière et avec la matière, dans une alliance et une force absolues qui feont rejaillir et naître une beauté sublime envers toute chose.

Aujourd'hui, il faut savoir regarder la vérité en face et l'accepter afin que la reconstruction du futur dans la conception de toute chose ne devienne, par le même fait et la même réalité, une continuité d'espèce humaine malade, retardée, diminuée.

Les sociétés actuelles, dans l'uniformité de l'existence, nous apportent au quotidien, par la naissance ou la maladie, des êtres affaiblis, malades, anormaux, atrophiés, handicapés. Jamais l'humanité depuis son histoire n'a pu montrer une telle décadence dans sa propre existence au niveau de la santé et de la beauté du corps. Dans le passé, il y eut des malformations, des maladies, des épidémies, cela faisant partie des erreurs de la nature comme il faut regarder la pluie, le vent, la neige, le soleil, la tempête.

Mais aujourd'hui, avec une science poussée très loin, où l'on remplace un cœur, un rein, des organes, la peau, les yeux, où l'on implante des cheveux, etc., tout pourrait être magnifique ; sans prendre en considération les accidents du travail ou de la route qui nous apportent malheureusement un nombre trop important d'handicapés sous toutes formes... mais sinon... Il faut observer, et réaliser, ô ! combien... l'être humain est diminué dans sa structure même.

Combien il est vulnérable et combien de maladies traîne-t-il aujourd'hui ?

Plus grave.

Malgré la science, malgré l'abondance sur le marché de nourriture, de bonnes choses, de facilités, d'excès, même, l'être humain est devenu le porteur et le propagateur d'une maladie qui assassine avant la conception de la vie, l'existence même de l'être.

La maladie du siècle, qui est le fléau le plus grave et le plus sordide qu'ait connu l'humanité, sera l'apothéose dans sa décadence de ce qu'est le reflet de l'être humain de la fin du vingtième siècle. Un être déchu, décadent, porteur de tous les vices, ou tout est à vendre, à revendre, à acheter, ou à s'acheter. L'atmosphère, l'air, la poussière, la terre, les graines, les fleurs, les plantes, la pierre, l'eau, sont pollués par les produits toxiques.

La nourriture et les médicaments sont tirés ou créés à partir de ces bases polluées. Nous vivons pollués, nous mangeons pollués, nous créons du pollué. Ajoutez à cela toutes les permissivités qui font de la race humaine dans l'accouplement comme dans la vie une race inférieure à une race animale, végétale, ou minérale.

L'intelligence suprême de la matière dans la matière ne se limite pas à un être humain ni à ses actes... la nature dans ses éléments, la vie animale dans ses actes, la vie végétale dans ses créations se sont toujours respectées, honorées, même pour la survie.

Les êtres humains n'ont qu'une seule supériorité : la parole... ou si l'on préfère expliquer davantage ; l'intelligence suprême dans la créativité et la passivité a toujours donné l'écho ou rendu l'écho afin que les êtres humains, par l'expression verbale, puissent s'entendre et se comprendre.

L'Écriture est une autre supériorité qui ne servira vraiment qu'au futur.

Le passé et le présent seront effacés par l'écriture, pour l'écriture.

Le futur qui sera la porte du savoir de la connaissance et de l'infini, en alliance totale avec l'intelligence suprême et par l'intermédiaire de la connaissance universelle par la table de lois de la connaissance universelle et avec la charte universelle donnera à la science, aux sentiments, à la matière une place exceptionnelle dans la vie de tous les jours et pour la reconstruction définitive de la nature harmonieusement épanouie avec les êtres.

Car la nature créative, constructive, active, apportera par de nouvelles matières d'autres ingrédients, d'autres métaux, d'autres alliages, afin que les travaux quotidiens, la culture, l'élevage, les constructions, les nouvelles bases technologiques, les soins, soient dans une force et une dimension autre que celles connues à ce jour. La matière invisible et visible dans sa créativité constructive, active, guérira et apportera à l'être une autre vision de la vie, de ses charmes, de la beauté.

Le futur, à travers le travail, la famille, l'amour, les loisirs, le temps et la force, sera totalement différent de ce que nous connaissons.

La porte du savoir ouverte au mystère permettra de donner aux êtres une nouvelle force puisée dans sa propre pensée, sa propre élaboration et sa propre existence. La pensée humaine dans ses actes aura une toute autre forme de vision. Le corps trouvera une santé, un équilibre et une beauté jamais égalés, jamais trouvés depuis que le monde existe. La forme humaine sera identique, les formes seront harmonieuses, la peau sera belle mais surtout la santé, car l'intelligence suprême dans la matière blessée qui agira pour la guérison dans la créativité et la construction, donnera au corps humain une force supérieure jamais connue auparavant. Cette force supérieure sera issue de la matière invisible qui est invulnérable et dont la charge sera de rendre puissants les anticorps naturels que chaque être doit posséder et qui sont innés.

Mais il ne faut pas oublier et il faudra accepter que la construction d'un futur dans l'élaboration et pour la création d'un corps parfait et en bonne santé, l'être doit savoir que l'existence, et toute existence, commence par sa propre pureté et sa propre force dans la santé.

Le futur, dans sa reconstruction, dans l'activité naturelle de la nature et de ses matières, ne pourra apporter la beauté et la force avec les mêmes ingrédients connus à ce jour. L'intelligence suprême de la matière invisible dans la créativité, l'activité et la construction interdiront obligatoirement les ingrédients naturels ou préparés qui ont fait jusqu'à ce jour l'apanage des humains, soit pour le profit, soit pour l'esclavage.

Nous parlerons principalement de la drogue sous toutes ses formes qui est avec la maladie, le fléau le plus grave et le plus décadent. Les sociétés actuelles dans leur permissivité, qui n'est qu'une forme de lâcheté et d'acceptation, ont fermé les yeux volontairement et encouragé sournoisement les trafics en tout genre, sachant que, d'une façon ou d'une autre, elles seraient incapables d'arrêter ce fléau mais qu'en même temps ces trafics étaient et seraient jusqu'à la limite du possible un rapport d'argent quelle que soit la forme ou la quantité.

Il faut savoir que les sociétés désireuses de faire la paix, de rappeler les mauvais souvenirs de guerre, construisant des monuments aux morts, honorant des plaques à la mémoire de..., sont aussi meurtrières, coupables et criminelles, quand ces sociétés sont incapables ou ne veulent pas que tout trafic de drogue ou autre puisse cesser. Il ne peut être plus lâche que celui qui interdit en fermant les yeux pour laisser tout faire.

La société d'élévation qui sera le futur construira par la table de lois une autre forme de justice et d'équilibre où tout sera équitable. Il ne saurait y avoir une vraie justice lorsque cette justice devient un imbroglio-politico-économico-juridico-fonctionnel où la justice innocente des coupables issus de la politique, quand elle condamne un coupable, ne pouvant s'innocenter dans la politique...
La table de lois de la connaissance universelle et la charte universelle seront une écriture inflexible, profondément humaine, et d'équité. L'argent ne pouvant en aucun cas être une force ou une forme d'innocence. L'élévation de la société à travers les

êtres et en fonction de la spiritualité sensible libérée et constructive, ne pourra accepter ou tolérer un engrenage ou un système qui encouragerait la préférence ou diminuerait en soi un potentiel.

Il faut savoir que l'intelligence est innée, qu'elle ne peut en aucun cas être refusée mais au contraire s'épanouir, afin que cette intelligence par la spiritualité sensible s'accompagne dans l'existence de sentiments nobles mais surtout justes. La société d'élévation, en fonction de la table de lois et de la charte universelle, fera que tout être, aura un droit, une existence et une place.

Il faut savoir que le futur dans sa reconstruction, interdira à jamais et pour toujours toute forme de chômage, d'exclusion, d'abandon. La société du futur ne se bâtira pas, ne se construira pas, ne s'enrichira pas en fonction d'une surproduction, d'une vitesse de production. La société du futur par la table de lois donnera la vraie valeur du travail, la récompense du labeur, la justice dans la vie et la joie pour chacun. Le présent accorde aux plus riches ce qu'il ne peut donner aux plus pauvres... un coin de ciel bleu...

Le ciel bleu est un don de l'univers et non la création de l'homme.

Le ciel bleu, comme la Terre et l'univers, appartient à l'intelligence suprême de la matière dans sa structure universelle par le lien invisible qui relie dans l'infini et pour l'éternité, le temps, la matière, la vie, la création, la force, la construction, l'invisible, le visible.

Le futur apportera par la table de lois une juste mesure dans toute chose afin que l'excès ne soit plus l'apanage de l'homme. La créativité et la reconstruction vont apporter aux êtres, à travers la nature, sa végétation, ses fleurs, la vie animale, minérale, et d'autres matières, une nouvelle sensibilité, un nouveau désir de voir, mais surtout d'aimer, de respecter, de protéger, de regarder.

Le futur permettra et fera que l'être, dans toute sa force, aura avec le labeur et la famille le temps de découvrir la nature, de l'aimer, de s'épanouir, de la comprendre. La vie sera plus facile car l'harmonie des sentiments sera réceptive à la matière invisible qui elle-même retransmettra dans sa réceptabilité à la matière visible l'harmonie des sentiments qui se reflétera à travers la vie animale, végétale, et autres.

L'approche des uns ou des autres, le contact et l'odorat, la vue et les sentiments seront différents, supérieurs, par la matière guérie, invisible mais omniprésente, car l'homme devra se souvenir et cela jusqu'à la fin des temps, qu'il ne commande pas les éléments.